WILDPFERDE

Von Michael Bright
Fachberatung: Dr. Nigel Dunstone
Ins Deutsche übertragen von Gea Olbricht

KOSMOS

Originalausgabe ist unter dem Titel
„Nature Watch – Wild Horses" 2001 und 2002 erschienen
bei Lorenz Books, New York.
© 2002 Lorenz Books, Anness Publishing Ltd., New York,
USA

Deutsche Ausgabe © 2002 Franckh-Kosmos Verlags-GmbH
& Co., Stuttgart
Alle Rechte vorbehalten.
ISBN 3-440-09467-7
Dieses Buch folgt den Regeln
der neuen deutschen Rechtschreibung.
Lektorat der deutschen Ausgabe:
lüra – Klemt & Mues GbR, Wuppertal
Übersetzung aus dem Englischen: Gea Olbricht
Umschlaggestaltung: Atelier Reichert, Stuttgart
unter Verwendung von Fotos von John Foxx (vorne-unten
rechts) und der Agentur Sorell, Ebersbach, (alle übrigen
vorne und hinten)

Die Deutsche Bibliothek – CIP-Einheitsaufnahme
Ein Titelsatz für diese Publikation ist
bei der Deutschen Bibliothek erhältlich.

Produktion: Ralf Paucke
Satz: TypoDesign, Radebeul
Printed in China
Druck und Bindung: Star Standard Industries Pte

Bildnachweis
u = unten, o = oben, m = Mitte, l = links, r = rechts
ABPL: Thomas Dressler: 18ol, 44ol, 45ul, 45ml, 45ur; AKG
London: 15ur, 29mr, 48or; Ardea London: 37ur, 47u, 49mr,
49o; The Art Archive:. 26o, 48ul; Australian War Memorial:
53mr; BBC Natural History Unit: 8ur, 17or; Karl Amman:
39ml; John Cancalosi: 6or, 2ol und 42o; Alain Compost: 57o;
Richard Dutoit: 36or; Jeff Foott: 28o; G. und H. Denzou: 31ur,
3or und 64or; Alistair Macewen: 13mr und 63or; Godfrey
Merlon: 41ol; Colin Preston: 46or; Anup Shah: 25mr, 29ol,
35ur, 37or; Bruce Coleman Collection: 4ur, 17ur, 20ul, 38ol,
50ur, 51or, 55ul; Jane Burton: 33or; Gerald Cubitt: 36ul; Peter
Davey: 39ul, 51ol; Christer Fredriksson: 9ml; Steven Kauf-
man: 53ul und 62or; Robert Maier: 6ul, 9ol, 25o, 24ur,
32ul, 33ol, 33ul; Dr. Eckart Pott: 5or, 8ol und 62ur, 12ul, 37ol,
50or; Alan Potts: 48ur; Kim Taylor: 37ul; Rod Williams. 60o;
Joseph Van Wormer: 27o; Gunter Ziesler 58ur; Mary Evans
Picture Library: 5ur, 11ul; Natural History Museum: M. Long:
47ml, 47or, 47mr; Only Horses: 16ol, 17ml, 21ur, 28ul, 42ur,
42ul, 43mr, 43ol, 43or; Kit Houghton: 7ol, 9ur, 10or, 13ur,
15or, 18ur, 22o, 24o, 32or, 32ur, 33ur, 40u, 43u, 56ol; NHPA:
30o, 30ml, 30u, 31o, 31ml, 34ul, 40o; Daryl Balfour: 39ur;
Nigel Dennis: 44u; Yves Lanceau: 14ul; Christophe Ratier:
16ul; Alan Williams: 15ml; Norbert Wu: 38u; Oxford Scienti-
fic Films: 15ul, 41ml, 53ur, 54mr; 61ul, 61o; Alan und Sandy
Carey: 14ol; Martyn Chillmaid: 8ul; Martin Colbeck: 29u;
Martin Cordano: 41mr; Eastcott/Momatiuk: 7ul und 62ul,
29ml, 30or; Michael Fogden: 2u, 50ul und 63ul; Carol Gea-
ke 25ul; Dave Hamman: 59u; Mike Hill: 59or; Isaac Kehim-
kar: 53ol; Alistair Macewen: 24ul; Ben Osborne: 19o; William
Paton: 55ul; Kjell Sandfed: 34ur; Anup Shah: 7or, 52ul; David
Tipling: 4–5, 21ul; Philip Tull: 11mr; Tom Ulrich: 23ur; Fred
Whitehead: 11ur, 3ur und 60ul; 1 und 61ur; Planet Earth
Pictures: 19ul, 20or, 21ml, 23u, 27or, 31ul, 45ol, 52o, 59ol;
Richard Coomber: 7ur; Wendy Dennis: 45o; Georgette
Douwma: 18ul; Yves Momatiuk: 5mr; Jonathan P. Scott:
23ml; Anup Shah: 23mr; South African Museum: 55o; Tony
Stone: 14ur, 26u, 27ul, 27or und 64ul; Eastcott/Momatiuk:
19ur, 22u, 23o, 41ur; Warren Photographic: Jane Burton: 51u;
Zoological Society of London: 54ul, 54ol

Was ist ein Wildpferd?

Körperfunktionen

Verhalten

ALT

WILDPFERDE STELLEN SICH VOR

Früher kamen Wildpferde überall auf der Welt vor. Doch durch die Klimaveränderungen verminderte sich ihre Zahl zwischenzeitlich so sehr, dass sie beinahe ausgestorben wären. Vor etwa 6.000 Jahren wurden die ersten Wildpferde vom Menschen gezähmt. Die Menschen züchteten im Laufe der Zeit verschiedene Pferde als Haustiere – große und kleine, kräftige und schlanke, je nach Art der Nutzung. Pferde wurden für die Menschen immer wichtiger. Es gibt sie heute auf der ganzen Welt. Haus- und Wildpferde gehören der gleichen Art an *(Equus caballus)*. Sie bilden zusammen mit ihren nahen Verwandten, den Eseln und den Zebras, die Familie der Equiden (pferdeartige Tiere). Die drei Gruppen, Pferde, Esel und Zebras, entwickelten unterschiedliche Merkmale – je nachdem, welche zum Überleben in dem jeweiligen Lebensraum wichtig waren. Wildpferde bewohnten die offenen Steppen in Zentralasien, Zebras wanderten in die Savannen des südlichen Afrika und die Esel zogen in heiße Wüstenlandschaften.

Große Augen, Ohren und Nüstern zum Aufspüren von Beutegreifern

Langer Hals zum Grasen auf dem Boden

Kräftige Mähne auf dem Halsrücken aus borstigem Haar

Dichtes, wasserabweisendes Fell

Kraftvolle Beine, vor allem die Hinterbeine, sorgen für die nötige Kraft, damit die Pferde schnell laufen können.

SCHÖNE STREIFEN

Es gibt insgesamt drei Zebraarten: das Steppenzebra *(Equus burchelli)*, das Bergzebra *(Equus zebra)* und das Grevy-Zebra *(Equus grevyi)*. Sie leben alle in Afrika und haben ein auffälliges Streifenmuster. Daran erkennen sich die Tiere.

VERWILDERTE PFERDE

Mustangs sind verwilderte Pferde, die in Nordamerika vorkommen. Verwilderte Pferde leben wie Wildpferde. Sie stammen aber von Hauspferden ab, die in die Wildnis entkommen sind oder freigelassen wurden.

EIN GLÜCKSPILZ

Das Prschewalski-Pferd *(Equus ferus przewalskii)* aus der Mongolei ist das letzte echte Urwildpferd. Es hat einen großen Kopf und einen untersetzten Körper. In freier Wildbahn ist es bereits ausgestorben. Es überlebte, weil Menschen es versorgten, und konnte in geschützten Gebieten wieder ausgewildert werden.

Langer Schwanz, mit dem das Pferd lästige Fliegen vertreibt

WILDESEL MÖGEN DIE WÜSTE

Der Onager *(Equus hemionus)* ist ein seltener, asiatischer Wildesel, der im Iran vorkommt. Esel sind meist gedrungener als Pferde. Es gibt noch zwei andere Wildeselarten: den Kiang *(Equus kiang)* aus Tibet und den Somali-Wildesel *(Equus asinus)* aus Afrika. Alle Wildesel leben in Wüstengegenden.

FREIES LEBEN

Diese Pferde leben in halbwilden Verhältnissen: Sie haben zwar einen Besitzer, aber sie können sich fast das ganze Jahr über auf einem sehr großen Gebiet frei bewegen.

WIE EIN WEISSES PFERD

Es gibt viele alte und neue Geschichten über wunderschöne, schneeweiße Pferde, die ein einzelnes Horn auf der Stirn tragen und Zauberkraft besitzen. Diese Fabeltiere heißen Einhörner und werden meist als sanfte und scheue Wesen beschrieben. Eines der ältesten Bilder solcher Fabeltiere ist etwa 3.400 Jahre alt und in einen Fels gehauen. Es stammt aus Assyrien, einem ehemaligen Reich in Vorderasien. Üblicherweise haben Einhörner ein spiralförmig gewundenes Horn, einen Löwenschwanz und Klauen wie eine Ziege. Das indische Panzernashorn ist aber das einzige Tier mit einem einzelnen Horn auf der Stirn, das es tatsächlich gibt.

GRÖSSE UND AUSSEHEN

Die Equiden zählen zu den mittelgroßen Pflanzenfressern. Ihr langer Kopf und Hals sind an das Grasen angepasst. Einige ähneln den Zebras. Sie wirken gedrungen, haben einen breiten Kopf und kurze Beine. Andere besitzen langgliedrige Beine und einen kleinen Kopf wie die Araberpferde. Die echten Wildpferde und Zebras haben eine Schulterhöhe zwischen 90 Zentimetern und 1,25 Metern. Es gibt kleine und große Hauspferde, je nachdem, zu welchem Zweck sie gezüchtet wurden. Das Shire-Horse etwa ist mit bis zu 2,20 Metern Schulterhöhe die größte Rasse. Es wiegt bis zu einer Tonne und kann bis zu 50 Tonnen Last ziehen. Es wird häufig in der Landwirtschaft eingesetzt. Zwergrassen sind nicht viel größer als ein Hund. Im Allgemeinen sind weibliche Pferde (Stuten) zehn Prozent kleiner als männliche Pferde (Hengste).

EIN ZWERG IM SCHOTTENROCK

Shetland-Ponys gehören zu den kleinsten Pferderassen. Sie gelten als außerordentlich robust. Ihr stämmiger Körper mit den kurzen Beinen ist meist nicht höher als 60 bis 90 Zentimeter.

Shetland-Ponys lebten 2.000 Jahre lang halbwild auf den Shetlandinseln vor der schottischen Küste, wo oft schlimme Stürme wüten. Sie fressen Heidekraut, Seegras und auch andere harte Gräser.

DER DEUTSCHE RIESE

Das Schwarzwälder Kaltblut ist ein Arbeitspferd mit einer Schulterhöhe von ungefähr 1,60 Metern. Als es noch keine Traktoren und Lastkraftwagen gab, wurde es gezüchtet, um zum Beispiel Pflüge oder Waggons zu ziehen. Schwarzwälder sind sehr zäh und kommen auch bei rauem Wetter in den Bergen gut zurecht. Es gibt sie heute nur noch äußerst selten, manchmal werden sie in Wintersportgebieten als Schlittenpferde eingesetzt.

COWBOYS BESTE FREUNDE

Criollos stammen von den Baguales ab, den verwilderten Pferden in den argentinischen Pampas (baumlose Grassteppe). Diese wiederum haben spanische Hauspferde als Vorfahren. Criollos sind stark, wendig und mit 1,50 Metern mittelgroß. Daher eignen sie sich ideal als Reittiere für Cowboys oder Polospieler.

VERWANDTSCHAFT AUS AFRIKA

Anders als dieser Khur aus Indien ähnelte der fast ausgestorbene Nubische Wildesel den heutigen Hauseseln. Er gilt als ihr Vorfahr. Seine Schulterhöhe maß etwa 1,45 Meter. Hausesel können sowohl kleiner als ein Meter als auch so groß wie ein Pferd sein.

AMERIKANISCHES MARKENZEICHEN

Amerikanische Mustangs sind wie ihre spanischen Vorfahren mittelgroß und kräftig. Ihre Hufe haben sich dem Lebensraum angepasst und einen so genannten Maultierhuf entwickelt: Die nach innen gewölbte Hufsohle verhindert Verletzungen auf felsigem Untergrund.

GENAU WIE FRÜHER

Das Grevy-Zebra ist das größte aller Wildpferde. Es kann fast doppelt so viel wiegen wie ein Steppenzebra. Seine Streifung, der große Kopf und der schlanke Körper mit den langen Beinen erinnern an den gemeinsamen Vorfahren aller Equiden, das Urpferdchen.

DAS FELL

Alle Pferde besitzen ein dichtes Fell, das sie bei Wind und Wetter schützt. Wildpferde und Esel sind in der Regel auf dem Rücken grau oder braun und unter dem Bauch weiß. Mit dieser Färbung sind sie sowohl als Steppenbewohner als auch in der Wüste gut getarnt. Viele Pferde haben einen dunklen Fellstreifen entlang der Wirbelsäule, den so genannten Aalstrich. Manche, zum Beispiel der Somali-Wildesel, sind an den Beinen gestreift. Das Fell der Zebras hat am ganzen Körper eine Streifung.

Wildpferde haben eine Stehmähne, die kräftigen Borsten ähnelt. Die Schwanzhaare von Pferden fallen meist locker, während die Schwanzhaare bei Eseln und Zebras eher Büschel bilden. Sämtliche Equiden benutzen den Schwanz als Fliegenklatsche.

SCHÖN WARM!
Wie lang das Fell eines Pferdes wächst, hängt vom Lebensraum ab: Pferde in kalten Gegenden, wie dieses Dartmoor-Pony, tragen ein langes Fell mit einer dicken Mähne. Pferde verlieren ihr längeres Winterfell im Frühjahr häufig. Wildpferde, die in heißem Klima leben, wie Zebras und Wildesel, sind das ganze Jahr über kurzhaarig.

EINE HAND WÄSCHT DIE ANDERE
Equiden pflegen sich gegenseitig: Sie sammeln dabei Flöhe und Zecken vom Fell des anderen auf und entfernen lose Haare und abgestorbene Hautteilchen. So bleibt das Fell in gutem Zustand.

HILFE, ES JUCKT!
Alle Pferde und Esel müssen sich ziemlich verrenken, wenn es sie an Körperteilen juckt, die sie nur schwer erreichen können.
Dieser Khur, ein Wildesel aus Nordwest-Indien, kratzt sich mit Hilfe eines Hinterbeins im Nacken.

DAS MACHT SPASS!

Wenn sich Pferde im Gras wälzen, halten sie ihr Fell sauber. Dabei werden nämlich Hautschuppen und außerdem lästige Blutsauger, wie zum Beispiel Zecken, entfernt. Anders als Rinder sind Pferde dazu in der Lage, sich von einer Seite auf die andere zu rollen. Auch im Sand wälzen sie sich sehr gern.

KLEINE BISSE TUN GUT!

Dieses Camargue-Pferd pflegt seine Beine. Es knabbert mit den Zähnen ganz leicht an der Haut. Oberhalb der Knie sitzen jeweils an der Innenseite der Beine warzenähnliche, unbehaarte Hornplatten, die so genannten Kastanien.

WENN NICHTS MEHR HILFT ...

Pferde scheuern die Körperpartien, die sie nicht mit den Hufen oder Zähnen erreichen, an Bäumen oder Felsen. Wer einen Baum zuerst benutzen darf, entscheidet die Rangfolge innerhalb der Herde. An manchen Bäumen sieht man sogar Scheuerspuren.

DER KÖRPERBAU

Der Körper der Equiden ist so gebaut, dass sie schnell vor Feinden fliehen können. Ihr Skelett ist sehr leicht. Sie erreichen daher mit geringem Kraft-aufwand hohe Geschwindigkeiten. Dort, wo Menschen zwei Oberschenkelknochen haben, hat ein Pferd einen einzigen, kräftigen Knochen. Die Gelenke der Pferde sind zwar weniger biegsam als die des Menschen, dafür aber stark belastbar – vor allem bei Auf- und Abbewegungen. Sie unterstützen und schützen die kräfti-gen Sehnen und Muskeln. Der Knochen-bau des Pferdes hilft, das Gewicht und die Wucht des Körpers beim Laufen abzufedern.

AUTOMATISCHE RUHESTELLUNG

Pferde und Esel ruhen sich im Stehen aus. Die Kniescheibe rastet in einer Rille im Oberschenkelknochen ein. Die Tiere brauchen im Gegensatz zu uns Menschen keine Kraft zum Stehen. Ein anderer Mechanismus bewirkt, dass der Kopf während des Nickerchens gerade gehalten wird. Ein Band im Nacken arbeitet wie ein Gummiband und bringt den Kopf wieder in eine aufrechte Ruhestellung, wenn das Pferd nicht grast.

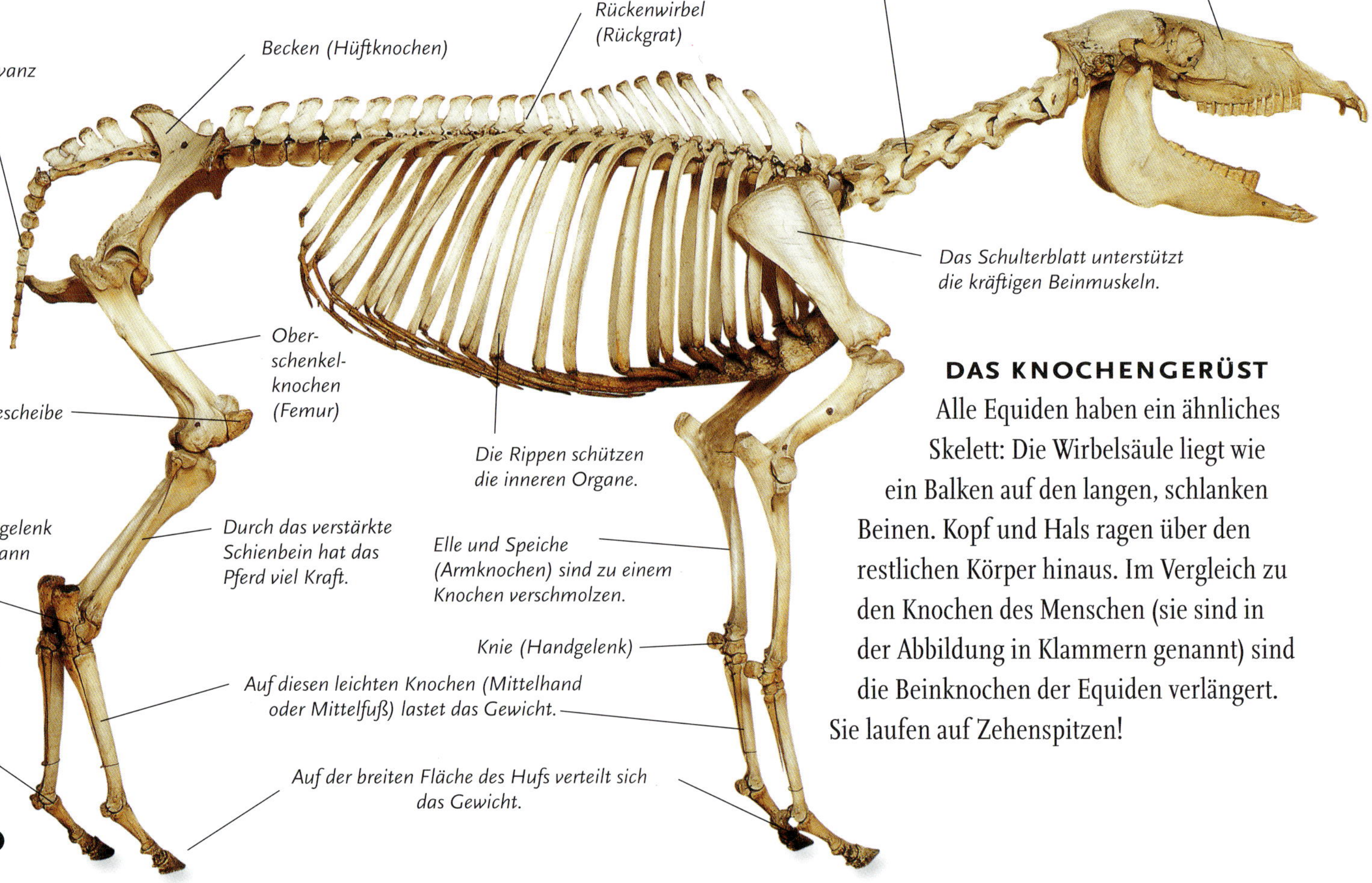

Langer, schmaler Schädel

Lange Halswirbel er-leichtern das Grasen.

Rückenwirbel (Rückgrat)

Becken (Hüftknochen)

Schwanz

Das Schulterblatt unterstützt die kräftigen Beinmuskeln.

Ober-schenkel-knochen (Femur)

Kniescheibe

Die Rippen schützen die inneren Organe.

DAS KNOCHENGERÜST

Alle Equiden haben ein ähnliches Skelett: Die Wirbelsäule liegt wie ein Balken auf den langen, schlanken Beinen. Kopf und Hals ragen über den restlichen Körper hinaus. Im Vergleich zu den Knochen des Menschen (sie sind in der Abbildung in Klammern genannt) sind die Beinknochen der Equiden verlängert. Sie laufen auf Zehenspitzen!

Das Sprunggelenk (Knöchel) kann einrasten.

Durch das verstärkte Schienbein hat das Pferd viel Kraft.

Elle und Speiche (Armknochen) sind zu einem Knochen verschmolzen.

Knie (Handgelenk)

Das biegsame Fesselgelenk überträgt die Sprungkraft zum Huf.

Auf diesen leichten Knochen (Mittelhand oder Mittelfuß) lastet das Gewicht.

Auf der breiten Fläche des Hufs verteilt sich das Gewicht.

ALLES HAT SEINEN PLATZ

In dem langen, schmalen Schädel ist genug Platz für die großen Backenzähne und die dahinter liegenden Augenhöhlen. Trotz der Nähe werden die Augen selbst beim Kauen nicht beeinträchtigt. Die großen Augenhöhlen ermöglichen, dass die Pferde alles rund herum überblicken können.

ZÄHNE ZEIGEN

Siehst du die spitzen Zähne hinter den großen Schneidezähnen? Diese Eckzähne (Hengstzähne) setzen Hengste im Kampf ein. Stuten haben entweder gar keine oder nur kleine Eckzähne.

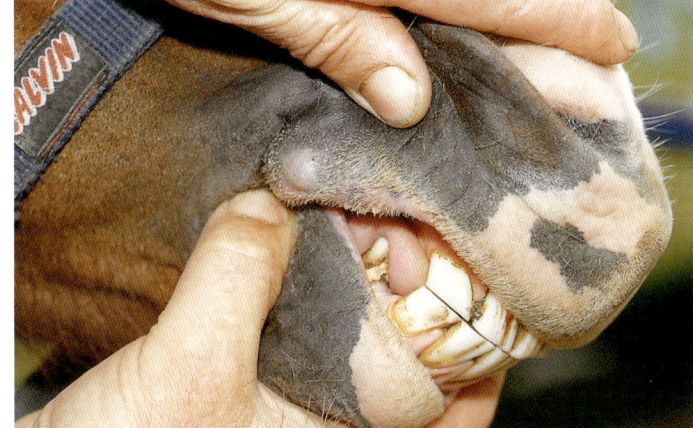

PEGASUS, DAS GEFLÜGELTE PFERD

Eine griechische Sage erzählt von einem geflügelten Pferd namens Pegasus: Nur der Held Bellerophon schaffte es, Pegasus zu zähmen. Die beiden bestanden zusammen viele Abenteuer. Sie besiegten sogar das feuerspeiende Monster Chimaira. Als Bellorophon mit Pegasus den Himmel erstürmen wollte, wurden die Götter böse: Bellerophon stürzte zu Tode. Nach Pegasus ist ein Sternbild am Himmel benannt.

DIE AUFGABEN DER ZÄHNE

Stuten haben 36 bis 40 Zähne, Hengste 44. Die Zähne von Pferden sind an ihre Nahrung angepasst. Die vorn liegenden, scharfen Schneidezähne beißen das Gras ab. Die seitlichen Backenzähne zermahlen es, bevor es hinuntergeschluckt wird. Daran, wie sehr die Zähne abgenutzt sind, kann man das ungefähre Alter eines Pferdes bestimmen. Doch unterschiedliche Nahrung nutzt die Zähne auch unterschiedlich ab.

DIE KÖRPERKRAFT

Das Pferd ist in der Tierwelt einer der schnellsten Langstreckenläufer. Die nötige Energie zum Laufen gewinnt es aus den großen Futtermengen, die im Verdauungssystem verarbeitet werden. Dabei wird die Nahrung zum Teil im Magen verdaut und von dort zügig zum Enddarm (Blinddarm und großer und kleiner Grimmdarm) transportiert. Dort zersetzen Bakterien die Zellwände der Pflanzennahrung. Die Nährstoffe werden freigesetzt und von speziellen Zellen entlang des Darms aufgenommen.

Das Herz und die Lunge der Equiden sind sehr groß. Daher können sich die Equiden schnell und ausdauernd über große Strecken fortbewegen. Je größer das Herz, desto schneller kann das Pferd laufen. Die elastischen Sehnen und Bänder mit den biegsamen Gelenken geben wie ein Gummiband nach. Dadurch werden die Bewegungen energiesparend abgefedert.

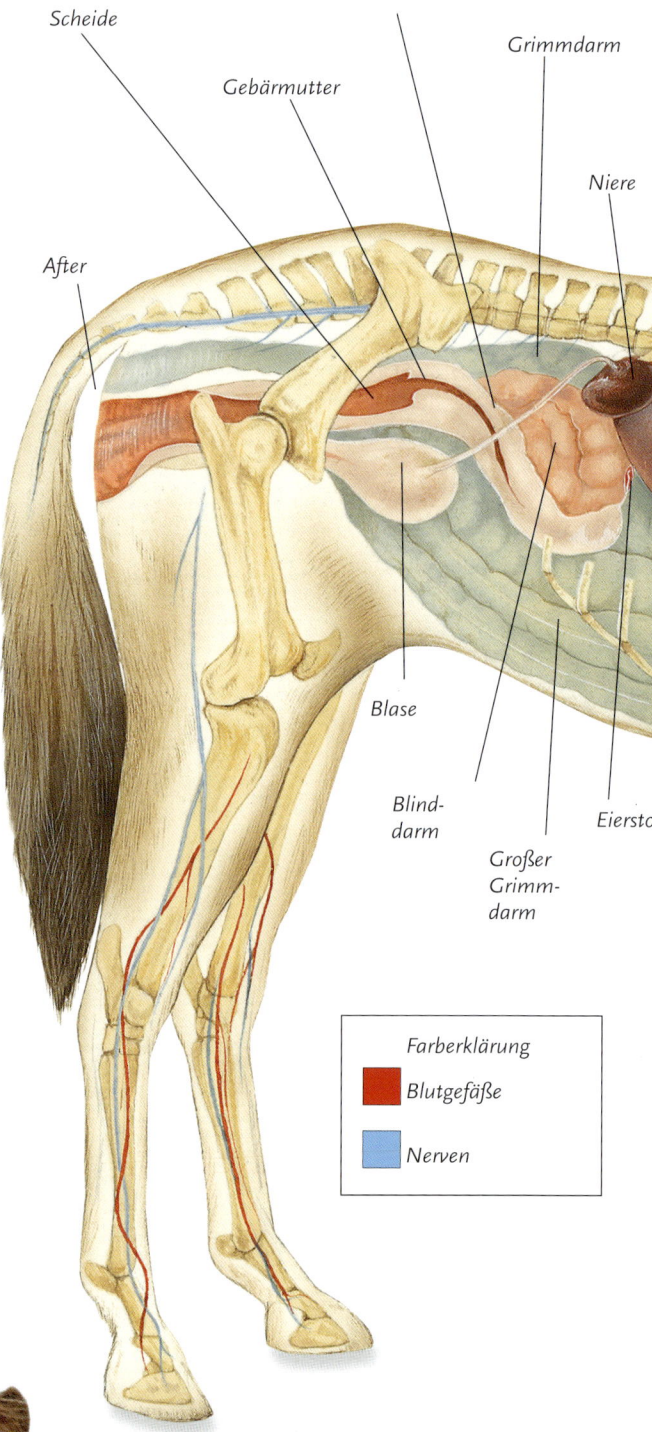

Scheide
Dünndarm
Gebärmutter
Grimmdarm
Niere
After
Blase
Blinddarm
Großer Grimmdarm
Eierstock

Farberklärung
🟥 *Blutgefäße*
🟦 *Nerven*

MIT DEN LIPPEN ZUGREIFEN
Mit ihren beweglichen Lippen greifen Pferde nach der Nahrung. Die Lippen verfügen zudem über einen Geschmackssinn. Zum Schmecken und Auswählen der Nahrung rollen die Pferde die empfindlichen Lippen nach außen.

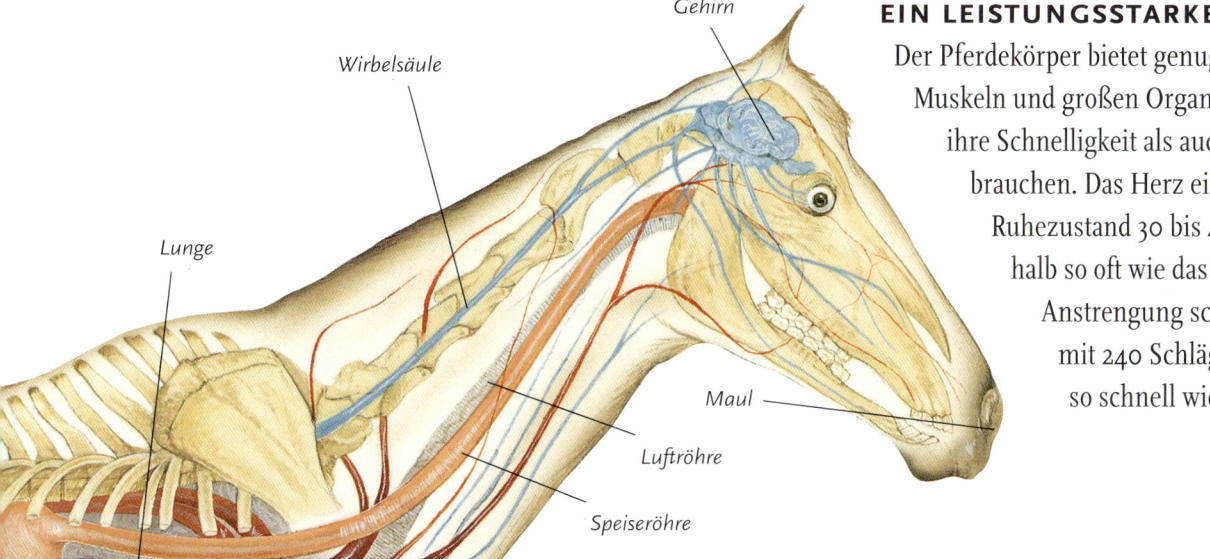

Gehirn

Wirbelsäule

Lunge

Maul

Luftröhre

Speiseröhre

Herz

Leber

Magen

Milz

EIN LEISTUNGSSTARKER KÖRPER

Der Pferdekörper bietet genug Raum für die kräftigen Muskeln und großen Organe, die die Tiere sowohl für ihre Schnelligkeit als auch für ihre Ausdauer brauchen. Das Herz eines Pferdes schlägt im Ruhezustand 30 bis 40 Mal pro Minute, also etwa halb so oft wie das des Menschen. Bei großer Anstrengung schlägt das Herz des Pferdes mit 240 Schlägen pro Minute aber doppelt so schnell wie das des Menschen.

GESCHLUCKT

Pferde fressen unermüdlich. Sie müssen viel fressen, weil ihre Nahrung nur geringe Nährstoffmengen enthält. Diese werden in dem etwa 30 Meter langen Darmkanal verarbeitet. Ein starker Schließmuskel an der Speiseröhre verhindert, dass sich Pferde erbrechen. Deshalb kann die Aufnahme von Giftstoffen tödlich für sie sein.

KRAFTPROTZE

Kräftige Muskeln helfen den Pferden, auch über große Strecken sehr schnell zu laufen. Die Wangenmuskulatur etwa ist so gut ausgebildet, dass selbst zähe Nahrung leicht zerkleinert werden kann.

BEWEGUNG UND RUHE

DER TRAB

Bei einer gewissen Geschwindigkeit ist der Trab energiesparender als der Schritt. Läuft das Pferd noch schneller, heben alle Hufe zeitweise vom Boden ab und kurze Sprünge fließen in die Bewegung mit ein. Im Trab erreicht ein Pferd bis zu 14 Kilometer pro Stunde.

Equiden können ihre Energiereserven optimal nutzen, da sie über vier unterschiedliche Gangarten verfügen: Schritt, Trab, Arbeitsgalopp und Jagdgalopp. Jede Gangart ist bei ihrer jeweiligen Geschwindigkeit energiesparend. Die Hauptschubkraft für das Laufen und Springen leisten die Hinterbeine. Mit den Vorderbeinen wird die Wucht bei der Landung gedämpft. Die Hufe von Wild- und Hauspferden sind eher breit. Dadurch wird das Gewicht auf einer größeren Fläche verteilt und der Fuß knickt nicht ein. Die Equiden, die in bergigen oder felsigen Gebieten leben, wie zum Beispiel das Bergzebra, haben schmalere Hufe. Diese stärken die Trittsicherheit.

DER ARBEITSGALOPP

Der Arbeitsgalopp ist ein langsamer, schaukelnder Galopp. Dabei setzen die Beine ruhig nacheinander auf. Pferde nutzen diese Gangart, um zum Beispiel schnell zu einem entfernt gelegenen Wasserloch zu gelangen. Das Tempo liegt bei etwa 15 bis 20 Kilometern pro Stunde.

DER JAGDGALOPP

Der Jagdgalopp ist die schnellste der vier Gangarten. Die Equiden nutzen ihn, um bei Gefahr zu flüchten. Sie können auf diese Weise bis zu 50 Kilometer pro Stunde zurücklegen.
Die Gliedmaßen werden in fließenden Bewegungen gestreckt, damit der Aufprall auf dem Untergrund bei der hohen Geschwindigkeit gemindert wird.

BEIM SCHWIMMEN

Diese Herde halbwilder Pferde watet durch einen breiten Fluss in Portugal. Alle Equiden können schwimmen, sogar schon die Fohlen in den ersten Lebenstagen! Sie schwimmen nahe bei der schützenden Stute.

MITTAGSPAUSE

Ein Fohlen macht auf der Seite liegend mit leicht ausgestreckten Beinen eine Pause. Anders als erwachsene Pferde legen sie sich öfter hin. Pferde ruhen sich im Allgemeinen im Stehen aus, da Herz und Lunge im Liegen verstärkt arbeiten müssen.

RAKAHSH

Das Buch der Könige aus dem 11. Jahrhundert berichtet über die Abenteuer des persischen Helden Rustam. Dieser besaß ein Pferd namens Rakahsh, das für seine Schnelligkeit, Tapferkeit und Stärke berühmt war. In einer der vielen Geschichten wird erzählt, wie Rakahsh einen Löwen tötet, der zuvor das persische Lager angegriffen hatte.

SCHLAFENSZEIT

Diese Herde Prschewalski-Pferde schläft gerade tief und fest. Der Tiefschlaf dauert aber nur kurz. Pferde schlafen insgesamt drei Stunden pro Tag, zwei Stunden lang dösen sie und 19 Stunden lang sind sie wach. Sie müssen nämlich sehr vorsichtig sein und sich vor Raubtieren in Acht nehmen.

NAHAUFNAHME:

WEISSE PRACHT
Diese zwei jungen Camargue-Hengste zeigen sich bei einem kämpferischen Spiel in voller Pracht. Merkmal dieser Pferde sind das weiße, seidig schimmernde Fell, die lange Mähne und der lange Schweif. Der Hals ist kurz, die Hinterbeine sind stabil und kräftig.

In einer sumpfigen Gegend in Südfrankreich, genannt Camargue, ziehen seit 1.000 Jahren die „Schimmel der Sümpfe" frei in Herden umher. Diese weißen Pferde sind die halbwilden Nachkommen von Hauspferden. Ihre Wurzeln reichen bis in die Vorzeit zurück, wie 1.500 Jahre alte Zeichnungen von sehr ähnlichen Pferden vermuten lassen. Als die Römer und die Araber die Region eroberten, brachten sie ihre Schlachtpferde mit den Camargue-Pferden zusammen. Seit 1968 sind sie als eigene Rasse anerkannt. Mehr als 500 von ihnen ziehen heute noch wild umher. Einmal im Jahr werden sie zusammengetrieben und jedes Pferd erhält ein Brandzeichen. Einige der Schimmel werden von Viehhirten *(guardiens)* gezähmt und zum Bullentreiben eingesetzt.

EINE GROSSE HERDE
Eine Zuchtgruppe besteht aus einem Hengst, Stuten, Hengstfohlen (bis zum dritten Lebensjahr) und Stutfohlen. Manchmal, vor allem im Sommer, ziehen mehrere Zuchtgruppen gemeinsam als Herde umher. Es gibt etwa 30 halbwilde Herden (Manaden) mit insgesamt 500 bis 600 Pferden.

SCHIMMEL DER SÜMPFE

LEBEN IN DEN SÜMPFEN

Diese Kuhreiher lauern hoch zu Ross Insekten oder Fröschen auf, die durch die Hufe der Pferde aufgeschreckt werden. Wenn die Vögel plötzlich auffliegen, sind auch die Pferde frühzeitig vor Angreifern gewarnt. Flamingos und die schwarzen Camargue-Rinder leben ebenfalls in den Sümpfen.

VERPFLEGUNG FÜR DAS GANZE JAHR

Eine Stute grast mit ihrem Fohlen auf einer so genannten Salzgraswiese. Fohlen sind bei der Geburt entweder braun oder dunkelgrau. Erst nach und nach werden sie weiß. Im Frühjahr und Sommer fressen die Pferde Binsen und Schilfhalme. Im Winter kratzen die Pferde mit ihren Hufen den gefrorenen Boden auf, um an das spärliche Gras und die Wurzeln heranzukommen.

SCHRITT FÜR SCHRITT

Das Camargue-Pferd schreitet mit hoch ausholenden Schritten voran. Es trabt selten und unbeholfen. Dafür ist es wendig und gern im lockeren Galopp unterwegs. Seine Hufe sind breiter als die anderer Rassen. Sie verhindern, dass es im weichen Sumpfboden einsinkt.

SINNE UND GEDÄCHTNIS

Die Sinne der Pferde sind gut entwickelt und das Gehirn ist vergleichsweise groß. Die Informationen der Sinneswahrnehmung werden im Gehirn verarbeitet. Pferde haben ein ausgezeichnetes Gedächtnis, einen vorzüglichen Ortssinn und eine ungewöhnliche Fähigkeit, Gefahren zu bemerken. Die Augen der Pferde liegen seitlich am Schädel und ermöglichen, dass sie rund herum alles erkennen. Sie können nur nicht sehen, was hinter ihnen geschieht. Um dies dennoch wahrzunehmen, nutzen Pferde den Hörsinn und drehen ihre Ohren in alle Richtungen. Nur wenn Pferde nach vorn schauen, ist die Sicht beidäugig (binokular). Dann können sie dreidimensional sehen und Entfernungen außerordentlich genau einschätzen, etwa um Hindernisse zu überspringen.

GERUCHSKONTROLLE

Ein Hengst nutzt seinen ausgezeichneten Geruchssinn, um den Dung (Kot) und Urin einer anderen Herde zu prüfen. Am Duft erkennt er, wann die Tiere vorbeigezogen sind und ob der Dung vielleicht von einer brünstigen Stute oder einem Hengst stammt.

DER RICHTIGE RIECHER

Wenn ein Pferd die Lippen kräuselt, nimmt es besonders gut Gerüche wahr. Dieses so genannte Flehmen setzen Hengste zum Beispiel zum Aufspüren von brünstigen Stuten ein. Der Geruchssinn warnt die Pferde auch vor nahenden Raubtieren. Und die Nahrung beurteilen Pferde ebenfalls nach dem Geruch.

GESCHMACKSSACHE

Über den Geschmackssinn der Pferde ist wenig bekannt – wahrscheinlich ist er recht gut ausgebildet! Pferde sind nämlich wählerisch: Sie schieben beim Grasen Pflanzen beiseite, um andere zu erreichen.

GANZ SCHÖN CLEVER!

Das hervorragende Gedächtnis hilft Pferden zu überleben. Sie erinnern sich immer daran, wo sich eine Wasser- oder Futterstelle befindet oder welche Pflanzen gut schmecken. Pferde schneiden bei Intelligenz- und Gedächtnistests gut ab. Zum Beispiel bei diesem: Pferden wurde beigebracht, bestimmte Muster wahrzunehmen. Noch nach einem Jahr erkannten sie beinahe alle Muster wieder, mehr als die meisten Menschen.

EIN GUTER ÜBERBLICK

Ein Pferd kann in der Ferne und in der Nähe Dinge erkennen, aber eher verschwommen. Da es rundherum alles wahrnimmt, registriert es beim Grasen, wenn sich ein Raubtier nähert. Das Menschenauge dagegen kann Dinge in verschiedenen Entfernungen klar erkennen. Nachts sieht eine Katze am besten, aber auch Pferde können sich im Dunkeln gut orientieren.

GROSSE OHREN

Die Ohren der Equiden ähneln Radarschirmen. Sie können sich unabhängig voneinander in Richtung der Geräuschquelle drehen, ohne dass sich der restliche Körper bewegen muss. Diese Drehbewegung wird von 16 Muskeln ausgeführt. Schon die Größe des Außenohrs deutet auf das gute Hörvermögen hin, das wesentlich besser ist als beim Menschen.

DAS FRESSVERHALTEN

Alle Equiden sind Pflanzenfresser. Wildpferde grasen täglich ungefähr 16 Stunden lang, vom frühen Morgen bis um Mitternacht. Esel und Zebras fressen in heißen Ländern von der Morgendämmerung bis zum späten Vormittag und grasen nach einer Mittagspause dann bis zum späten Nachmittag weiter.

Nährstoffe aus dem Gras zu gewinnen ist schwierig. Doch mit einem besonders langen Verdauungskanal sind die Tiere bestens ausgerüstet, um nährstoffarme Nahrung, vor allem Gras, möglichst gut zu verwerten. Außerdem fressen Pferde so viel, wie sie nur können. Die aufgenommene Nahrung muss danach so schnell wie möglich in Energie umgewandelt werden. Zunächst knabbern die Tiere mit ihren Schneidezähnen das Gras ab. Bevor sie es hinunterschlucken, zermahlen sie es mit den Backenzähnen. Anders als Rinder können Equiden auch mit nährstoffarmem Futter überleben.

GUT KAUEN!

Pferde kauen langsam und vermischen den Nahrungsbrei mit viel Speichel. Sie haben nämlich nicht wie Rinder einen zusätzlichen Magen, der das Futter nach dem Schlucken aufbereitet. Deshalb müssen Pferde die Nahrung vor dem Schlucken vollständig zerkleinern.

HARTE ZEITEN

Der Boden ist im Winter hart und Schnee bedeckt die spärliche Vegetation. Die Pferde müssen mit den Hufen scharren, um an die Graswurzeln zu gelangen. Manchmal fressen sie auch Baumrinde. Wenn Pferde schwach oder alt sind, überleben sie den Winter oft nicht.

STRESS IM STALL

Hauspferde, die in Ställen untergebracht sind, werden ausreichend gefüttert, aber nur dreimal am Tag. Das erfordert ein anderes Fressverhalten der Pferde als ihr natürliches. Stallpferde entwickeln manchmal Verhaltensstörungen wie zum Beispiel krankhaftes Luftschlucken (Krippen). Außerdem scheinen sie damit die unausgefüllte Zeit zu überbrücken, denn schließlich grasen Pferde in der Natur ständig.

TROCKENES LAND

Grevy-Zebras bewohnen Trockenlandschaften mit Dornenbüschen. Nur wenn das Wasser knapp wird, wandern sie ins Hochland. Ist Wasser und Nahrung vorhanden, bleiben sie und ernähren sich von Gras und Büschen, die anderen Pflanzenfressern zu hart sind. Sie graben Wasserlöcher und verteidigen diese heftig gegen andere Tiere.

ABWECHSLUNGSREICHE NAHRUNG

Im Wald von New Forest in England pflückt ein halbwildes Pferd mit seinen beweglichen Lippen Stechginsterblüten. Pferde wählen neben Gras auch andere Futterpflanzen. Die Zunge befördert unerwünschte Pflanzenteile wieder nach draußen.

AM WASSERLOCH

Wildpferde trinken jeden Tag. Doch sie kommen über längere Zeit auch gut ohne Wasser aus. Die meisten Tiere trinken nur Süßwasser. Wildesel, Grevy-Zebras und Bergzebras vertragen auch das etwas salzige und abgestandene Brackwasser. Dadurch haben sie in der Trockenzeit eine bessere Überlebenschance als zum Beispiel Antilopen.

DAS ZUSAMMEN-LEBEN

Equiden sind Herdentiere. Pferde, Steppen- und Bergzebras bilden Familiengruppen. Ihre Mitglieder kennen sich untereinander. Die Gruppen sind streng organisiert und jedes Tier kennt seinen Platz. Es gibt nur einen einzigen Hengst und mehrere Stuten mit ihren Fohlen. Familiengruppen verteidigen kein bestimmtes Gebiet (Territorium). Wildesel und Grevy-Zebras jedoch gehören zu den revierbesitzenden Arten. Sie bewohnen trockene Lebensräume, wo einzelne ranghohe Hengste Gebiete mit Wasser und Nahrungsquellen verteidigen. Die Stuten leben meist mit verwandten oder ranggleichen Tieren zusammen. Zum Fressen und Trinken betreten sie das Territorium eines revierbesitzenden Hengstes und gesellen sich zeitweise zu dessen Herde.

LERNVERHALTEN

In den ersten Lebenstagen, der so genannten Prägungsphase, bindet sich das Fohlen an das Tier, das es am häufigsten sieht. Meist ist das die Mutter. Von ihr lernt es die ersten wichtigen Lektionen zum Überleben. Später guckt es sich vieles auch von den anderen Herdenmitgliedern ab.

FREUNDE IN DER NOT

Diese jungen Mustang-Hengste wurden von ihrer Gruppe verstoßen. Sie haben sich zusammengetan, denn für Einzelgänger ist das Überleben sehr schwer. Mit zwei bis drei Jahren sind sie alt genug, um einen Leithengst aus seinem Gebiet zu vertreiben.

WILDE SITTEN

In dieser Gruppe Mustangs leben ein Hengst, sechs Stuten und ein Fohlen. Bis das Fohlen erwachsen ist, hat es den gleichen Rang wie seine Mutter. Stutfohlen bleiben bei der Herde. Manche werden aber auch von einem anderen Hengst weggelockt oder entführt. Dann werden sie in dessen Herde eingegliedert.

LEBEN IN DER HERDE

Bei den Steppenzebras hat jedes Herdenmitglied seinen Platz in der Rangordnung. Erst mit zunehmender Erfahrung steigen Stuten, die noch nicht lange dazugehören, in der Rangordnung nach oben.

FRAUENPOWER

Wie alle halbwilden Pferde bilden diese Island-Ponys eine Familiengruppe. Meist entscheidet die ranghöchste Stute, wo gegrast und wann weitergezogen wird. Der Hengst hält die Gruppe zusammen. Er verhindert, dass Stuten die Gemeinschaft verlassen.

DER WECHSEL DER JAHRESZEITEN

Khure leben fast das ganze Jahr über in kleinen Gruppen in der Wüste. In der Regenzeit gibt es mehr Nahrung als sonst und die Gruppen umfassen dann bis zu 50 Tiere. In dieser Zeit paaren sich die Tiere auch.

KOMMUNIKATION

Pferde sind gesellige Tiere, die in Herden leben. In jeder Gemeinschaft ist es wichtig, sich zu verständigen (kommunizieren). Die Kommunikation der Pferde reicht von Duftsignalen über Laute bis hin zu einer vielfältigen Körpersprache. Die Tiere erkennen sich untereinander am Aussehen und am Geruch. Es gibt auch bestimmte Laute, die typisch für alle Equiden sind. Kurzes Schnauben ist ein Warnlaut, längeres ein Zeichen von Zufriedenheit. Die Rufe der einzelnen Arten sind jedoch unterschiedlich, wenn sie Kontakt zu anderen Tieren aufnehmen oder ihr Territorium verteidigen: Pferde wiehern, Esel schreien, Grevy-Zebras röhren, Bergzebras pfeifen und Steppenzebras bellen. Pferde, Esel und Zebras erkennen die Laute von anderen Arten. Sie reagieren zwar auf die Rufe einer anderen Pferdeart, aber nicht auf die Rufe von Antilopen oder Rindern.

PASS BLOSS AUF!

Das linke Pferd hat seine Ohren flach angelegt. Das ist eine Drohgebärde. Damit zeigt es zwar eine Vorrangstellung, eine Kampfansage ist es aber nicht! Angelegte Ohren können auch Langeweile oder Müdigkeit ausdrücken.

ICH BIN FREUNDLICH

Junge Pferde vermitteln älteren ihren Respekt, indem sie die Ohren rückwärts an den Kopf legen, die Zähne zeigen und Kaubewegungen machen. Das ist kein Zeichen dafür, dass sie zubeißen wollen. Die Kleinen sagen damit: „Ich bin freundlich". Damit leiten sie auch die gegenseitige Fellpflege ein.

AUFMERKSAM SEIN

Pferde achten stets darauf, welche Signale die anderen in der Herde geben. Wenn sich ein Pferd für etwas interessiert, stellt es die Ohren nach vorn. Bald werden dann auch die anderen Interesse zeigen.

FELLPFLEGE

Wie alle Equiden pflegen sich Pferde, die sich mögen, gegenseitig das Fell. Dazu knabbern sie an den Stellen, die das andere Pferd allein nicht erreicht. Je länger das so genannte „Grooming" dauert, desto inniger ist die Beziehung der beiden. Die gegenseitige Fellpflege unterstützt auch den Zusammenhalt der Gruppe.

NA, DU!

Herdenmitglieder begrüßen sich folgendermaßen: Sie strecken ihren Kopf vor und berühren oder beschnuppern die Nase des anderen. Dann schieben sie den anderen ein wenig beiseite und gehen wieder auseinander. Befreundete Pferde legen ihren Kopf zur Begüßung auf den Rücken des anderen.

FREUNDINNEN FÜRS LEBEN

Stuten entwickeln oft enge Freundschaften mit anderen Pferden der Herde. Bei Hauspferden sind das meist nahe Verwandte wie Schwestern oder erwachsene Töchter. In verwilderten Herden freunden sich eher Stuten an, die nicht miteinander verwandt sind. Führt ein Hengst die Herde, steht er im Mittelpunkt, und die Stuten sind selten gut befreundet.

KRÄFTEMESSEN

Die Indianer fingen verwilderte Pferde ein und zähmten sie, etwa für die Jagd. Als hervorragende Reiter nutzten vor allem die Prärieindianer die Wendigkeit und Robustheit der Mustangs.

DEN VORFAHREN ÄHNLICH

Das Profil (Ramskopf) und die lange, dichte Mähne erbten die Mustangs von ihren spanischen Vorfahren, die den heutigen Andalusiern ähneln. Sie galten als die edelsten Pferde im Europa des 15. Jahrhunderts.

Als die spanischen Eroberer im 15. Jahrhundert mit ihren prächtigen, robusten Pferden in Amerika eintrafen, waren die Wildpferde dort bereits seit 10.000 Jahren ausgestorben. Die neuen Siedler hielten die Pferde auf ihren Farmen. Doch viele dieser Pferde entkamen oder wurden freigelassen und bildeten Herden. Diese Herden passten sich gut an das Leben in den Bergen und Steppen, der Wüste und der offenen Baumsavanne (Chaparrales) im amerikanischen Westen an. Schließlich waren ihnen solche Landstriche aus der Heimat vertraut. Viele Mustangs zeigen Merkmale ihrer spanischen Vorfahren: kleine, spitze Ohren, blaue Augen und starkes Schnauben. Mustangs sind selten über 1,50 Meter groß. Sie sind sehr ausdauernd und ihr Fell ist oft gescheckt. Auf der Grundlage des Erbmaterials der verwilderten Mustangs wurden viele amerikanische Pferderassen gezüchtet.

WILDER WESTEN

AUF DER FLUCHT

Benachbarte Mustang-Herden verbünden sich, um gemeinsam einer Gefahr zu entfliehen. Eine Herde besteht in der Regel aus einem Hengst, einigen Stuten und deren Fohlen. Das Wort „Mustang" stammt von dem spanischen Wort „mestena" (Pferdeherde). Solche zweifarbigen Pferde waren bei den Indianer besonders beliebt.

ABGEHÄRTET

Die Mustangs in den Bergen müssen eisige Winter überstehen. Andere Herden haben sich der Hitze in den Wüsten und im trockenen Buschland sehr gut angepasst.

FEINDE

Diese Herde wurde von irgendetwas aufgeschreckt und flüchtet schnell vor der Gefahr. Die einzigen Feinde der Mustangs sind der Puma und der Mensch. Heute gibt es auf der Erde ungefähr 30.000 wilde Mustangs. Ende des 18. Jahrhunderts waren es noch Millionen. In den darauf folgenden 200 Jahren wurden sie gejagt und vielfach an Hunde verfüttert. Heutzutage sind viele Herden geschützt. Das bedeutet, dass die Menschen sie nicht jagen und schießen dürfen. Wird jemand erwischt, bekommt er eine Strafe.

FREUNDE AUF ZEIT

Junghengste bilden oft kleine Junggesellengruppen. Sobald sich junge Stuten anschließen, kämpfen die Hengste um die Vorherrschaft. Die Verlierer werden vertrieben.

DAS KAMPFVERHALTEN

Pferde, Zebras und Esel legen ihre Streitigkeiten lieber bei, bevor sie miteinander kämpfen. Kleinere Auseinandersetzungen werden durch Drohgebärden gelöst. Damit zeigen die Tiere ihren Kampfwillen, greifen den anderen aber nicht an. Manchmal sind Kämpfe jedoch unvermeidbar. Stuten und Fohlen kämpfen meist mit den Hinterhufen. Männliche Hauspferde, Steppen- und Bergzebras kämpfen etwa um eine Stute oder einen Harem, Grevy-Zebras und Wildesel um gute Territorien. Die Kämpfe sehen zwar oft gefährlich aus, aber die Tiere versuchen stets, den Artgenossen nicht ernsthaft zu verletzen. Das Ziel des Kampfes ist es, den anderen aus dem Gleichgewicht zu bringen. Wer standhaft bleibt, ist der Sieger.

WÜTENDES AUFBÄUMEN
Wenn sich Mustang-Hengste aufbäumen, stellen sie sich auf die Hinterbeine und schlagen mit den Vorderbeinen aus. Sie beißen sich aus Wut auch manchmal gegenseitig in die Ohren, den Hals und die Kehle.

ERBITTERTER KAMPF
Kämpfe zwischen Hengsten sehen gefährlich aus, enden aber selten mit großen Verletzungen. Doch Bisse tun weh und vor allem der kleine Hengstzahn kann Schaden anrichten. Gerät ein Kampf außer Kontrolle, flieht das schwächere Tier. Kämpfen Hauspferde auf einer Koppel, gibt es jedoch keine Fluchtmöglichkeit.

DAS HÖLZERNE PFERD

Die alten Griechen hatten die Stadt Troja belagert. Doch die Trojaner verteidigten sie erfolgreich. Deshalb überlegten sich die Griechen eine List: Sie bauten ein riesengroßes hölzernes Pferd. Die tapfersten ihrer Helden stiegen hinein. Dann täuschten die Griechen den Rückzug vor. Die Trojaner holten das Pferd in die Stadt. In der Nacht kletterten die Helden aus dem Pferd hinaus und öffneten ihren Kameraden die Tore. So konnten die Griechen Troja einnehmen.

GEFÄHRLICHE TRITTE

Stuten weisen aufdringliche Hengste oder unwillkommenen Besuch aus der Nachbarschaft durch Huftritte mit den Hinterbeinen zurück. Auch gegen Beutegreifer, wie zum Beispiel Löwen, verteidigen sie sich so. Da Zebrahufe scharfe Kanten haben, dauert es oft lange, bis die Verletzungen verheilt sind.

WER BEHÄLT DEN KOPF OBEN?

Pferde tragen einen Streit auch über Halskämpfe aus: Die Gegner versuchen dabei, ihren Hals über den des anderen zu legen, um dessen Kopf hinunterzudrücken. So zeigt sich, wer der Ranghöhere ist – ohne dass der Gegner verletzt wird.

WÜTENDER KREISTANZ

Diese Zebras zeigen ein so genanntes Kampfkreiseln. Die Tiere drehen sich dabei im Kreis und beißen sich gegenseitig in die Beine. Gleichzeitig versuchen sie, den Bissen des Gegners auszuweichen, und zwar, indem sie in die Knie gehen.

NAHAUFNAHME:

1. Einige Stuten fohlen auf der Seite liegend, andere im Stehen. Das Fohlen kommt mit dem Kopf voran und mit ausgestreckten Beinen zur Welt. Die Geburt dauert nur wenige Minuten. Zunächst ist das Fohlen noch mit der Fruchthülle bedeckt, in der es sich in der Gebärmutter entwickelt hat. Kurz darauf schüttelt es die Hülle ab und steht auf.

In der freien Wildbahn kommen die Fohlen zur Welt, wenn es ausreichend Wasser und Nahrung gibt und es weder zu kalt noch zu heiß ist. In Nordeuropa, wo das Klima gemäßigt ist, geschieht das im Frühling, in den Tropen während der Regenzeit. Die Paarungszeit ist meist kurz. Die Chance zu überleben erhöht sich für die Fohlen, wenn viele gleichzeitig geboren werden. Bei einem Angriff durch Beutegreifer werden dann ein paar Tiere getötet. Gibt es nur ein Fohlen in einer Herde, ist die Gefahr natürlich viel größer. In einer Familiengruppe, wie bei Steppenzebras zum Beispiel, bringt die trächtige Stute bei ihrer Herde das Fohlen zur Welt. Der Hengst steht in der Nähe Wache. In den revierbesitzenden Herden der Wildesel und Grevy-Zebras ist eine Stute meist auf sich allein gestellt. Bei Gefahr kann sie die Geburt jedoch hinauszögern.

2. Über den Mutterkuchen (Plazenta) in der Gebärmutter hat das Fohlen im Mutterleib Nährstoffe erhalten. Er kommt gleich nach dem Fohlen aus dem Leib der Stute. Die kaut manchmal daran, frisst ihn aber nicht.

3. Die Mutter leckt das Neugeborene sorgfältig ab, vor allem unter dem Schwanz. Das regt die erste Verdauung an. Das Lecken festigt außerdem die Mutter-Kind-Beziehung. Von jetzt an kann die Mutter ihr Fohlen von allen anderen unterscheiden. Nach einer Woche erkennt auch das Fohlen seine Mutter.

DIE GEBURT

4. Dieses neugeborene Fohlen hat mit dem Aufstehen noch Mühe. Doch nach etwa zehn Minuten kann es stehen und bald darauf auch galoppieren. In den ersten Lebenstagen ruht es sich aus, trinkt bei der Mutter und übt, seine Beine zu benutzen. Jede Mahlzeit dauert nur wenige Minuten, die Ruhepausen dagegen zwischen 20 Minuten und einer Stunde.

5. Eine Stute ist nach der Geburt sehr angriffslustig. Sie vertreibt andere Pferde aus ihrer Nähe und beißt manchmal sogar zu. Das macht sie, damit sich ihr Fohlen allein an sie gewöhnt, also nur sie als Quelle von Nahrung und Schutz anerkennt. Nach etwa einer Woche beruhigt sich die Mutterstute und das Fohlen darf mit Gleichaltrigen Kontakt aufnehmen.

Instinktiv sucht das Steppenzebrafohlen zwischen Hinterbeinen und Bauch nach dem Euter. Manchmal schaut es auch erst zwischen den Vorderbeinen nach, bevor es die richtige Stelle findet. Fohlen trinken etwa ein Jahr lang Muttermilch.

Dieses Khur-Fohlen kann 35 Jahre alt werden. So hoch ist die durchschnittliche Lebenserwartung aller Wildpferde. Die ersten zwei Jahre verbringt es bei der Mutter. Esel gebären alle zwei Jahre ein Fohlen, Pferde und Zebras unter günstigen Bedingungen eins pro Jahr.

GROSS WERDEN

Ein in der Wildnis geborenes Fohlen muss erst lernen, wie es später ohne die Hilfe und den Schutz der Mutter überleben kann. Fohlen stürmen oft plötzlich los, tänzeln, tollen herum und schlagen mit den Hinterbeinen aus. Es sieht aus, als hätten sie dann einfach nur Spaß. Doch die übertriebenen Bewegungen sind nicht nur zum Vergnügen gut. Dieses spielerische Verhalten ist für die Entwicklung des Fohlens sehr wichtig. Es sorgt für die Kräftigung des Körpers und fördert außerdem das Zusammenwirken von Nerven und Muskeln. Denn bei einem Angriff muss das Fohlen schnell fliehen können. Junge Hauspferde zeigen genau das gleiche Feindabwehrverhalten wie ihre wilden Artgenossen, obwohl sie äußerst selten gejagt werden.

ALT GENUG

Ein Fohlen ist selten unbewacht. Seine Mutter ist immer in der Nähe und passt auf. Im Alter von sechs Monaten wird ein Hauspferd entwöhnt und von seiner Mutter getrennt. Bei wilden und verwilderten Pferden geschieht das mit 8 bis 13 Monaten. Dann verstößt die Mutter das Fohlen, denn nun ist es alt genug, um selbst zurechtzukommen.

FAMILIENGERUCH

Dieses junge Dartmoor-Pony und seine Mutter erkennen sich vor allem an ihrem Geruch. Gleich nach der Geburt entwickeln sich die Erkennungszeichen. Das Jungtier lebt viele Monate lang bei seiner Mutter und lernt, welches Futter gut und welches gefährlich ist. Die Mutter bringt ihm auch bei, wie es sich in der Gemeinschaft zu verhalten hat.

FREUNDSCHAFTSKÄMPFE

Welchen Platz ein Fohlen in der Rangordnung einer Herde einnimmt, wird zunächst durch den Rang seiner Mutter bestimmt. Allerdings kann es in einem Freundschaftskampf mit anderen Fohlen seinen Rang verbessern. Hengstfohlen üben dabei für später, denn als erwachsene Hengste müssen sie auch um eine eigene Herde kämpfen.

GEBOREN IN SARDINIEN

Dieses Fohlen lebt mit seiner Mutter wild auf dem Giara-Plateau in Sardinien. Sardische Pferde sind mit einer Schulterhöhe von 1,20 Metern eher klein. Sie haben traurig aussehende, mandelförmige Augen.

ICH HABE HUNGER, MAMA!

Dieses Hengstfohlen sucht die Aufmerksamkeit seiner Mutter und berührt ihren Rücken mit dem Huf. Es ist wahrscheinlich hungrig und möchte, dass die Mutter aufsteht und es säugt. Fohlen brauchen in den ersten ein bis zwei Monaten alle paar Stunden Milch. Später machen sie es ihrer Mutter nach und fressen Gras und Kräuter.

DIE UMGEBUNG ERKUNDEN

Vor offenem Gewässer ängstigen sich Fohlen zunächst. Diese Mutter zeigt einem jungen Welsh-Pony im Nationalpark Brecon Beacons in Wales, dass es keine Angst vor dem Wasser haben muss. Bald nachdem ein Fohlen laufen gelernt hat, kann es auch schwimmen.

NICHTS WIE WEG!

Fohlen werden mit der Fähigkeit geboren, schnell zu rennen. So können sie mit der Herde mithalten, wenn diese vor Raubtieren flieht. Verwilderte Pferde wie diese in Neuseeland sind besonders wachsam und werden durch die geringste Störung aufgeschreckt, zum Beispiel durch ein Stück Papier im Wind.

WELTWEIT

Zebras und Wildesel leben in gemäßigtem, in trockenem und in tropischem Klima. Sie ziehen durch offene Landschaften wie die Savannen (Grasland) in Afrika und die felsigen Ebenen und das trockene Buschland in Asien. Ihr Lebensraum wird durch die zunehmende Besiedlung von Menschen begrenzt. Zebras kommen nur in Afrika südlich der Sahara vor. In Ostafrika, im Nahen Osten und in Indien gibt es vereinzelte Populationen von Wild- und Halbeseln. Verwilderte Pferde leben in vielen Teilen der Erde. Sie sind entweder von Menschen freigelassen worden oder sind ihnen entkommen. Halbwilde Herden bewegen sich in vielen europäischen Ländern frei in großen, nicht eingezäunten Gebieten.

Nordamerika

Südamerika

AUSTRALIEN

Brumbys findet man in verschiedenen Lebensräumen in ganz Australien. Sie ziehen wild in Trockensteppen, Sumpfgebieten, im Grasland und Gebirge umher. Australien hat den größten Bestand an verwilderten Pferden auf der Erde.

SÜDAMERIKA

Diese verwilderten Pferde leben auf den Falkland-Inseln vor Argentinien. Die Franzosen hatten sie 1764 dorthin gebracht. Sie sind in ödem Heidemoor, in Sanddünen und Felsen zu Hause.

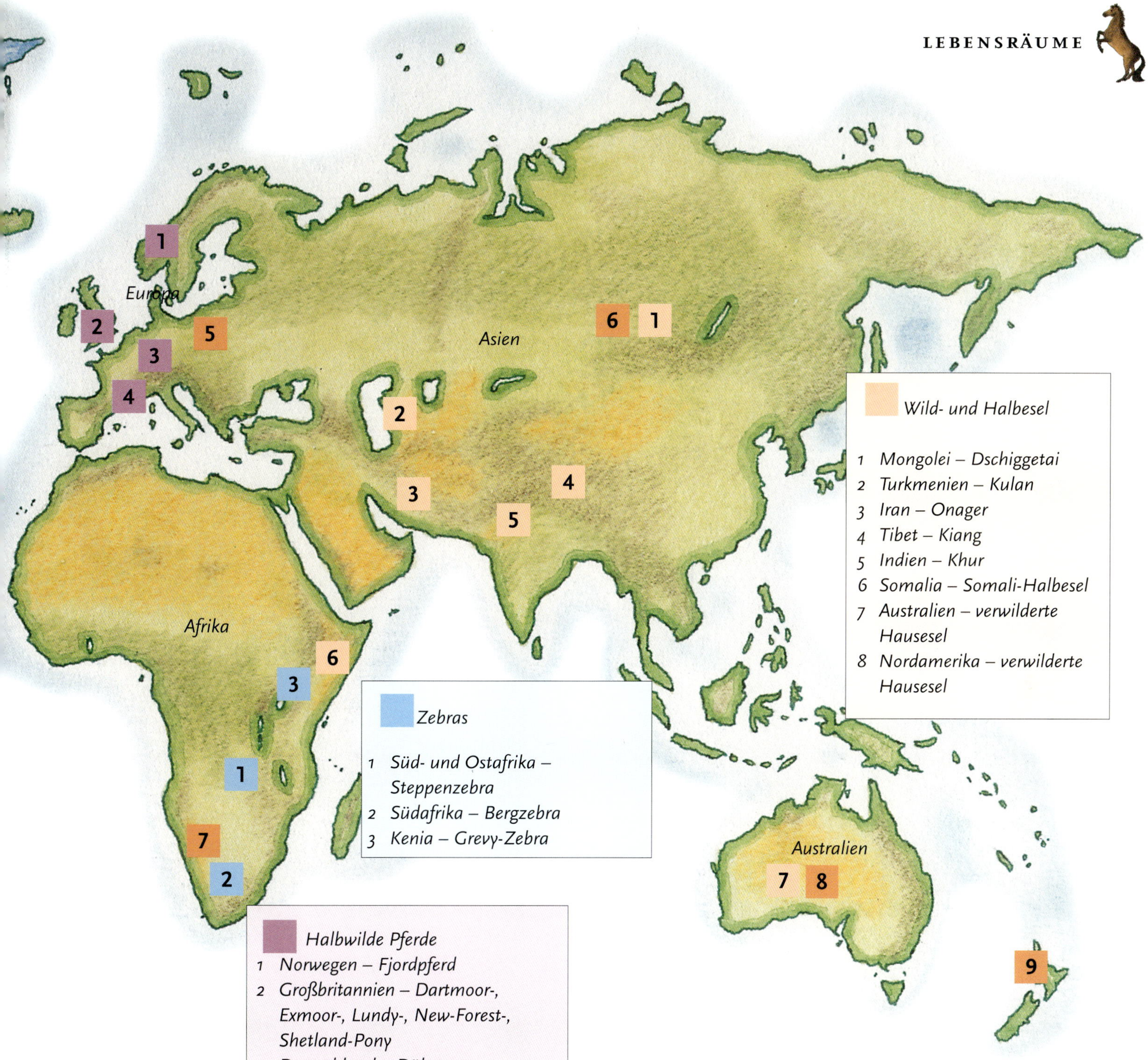

Wild- und Halbesel

1. Mongolei – Dschiggetai
2. Turkmenien – Kulan
3. Iran – Onager
4. Tibet – Kiang
5. Indien – Khur
6. Somalia – Somali-Halbesel
7. Australien – verwilderte Hausesel
8. Nordamerika – verwilderte Hausesel

Zebras

1. Süd- und Ostafrika – Steppenzebra
2. Südafrika – Bergzebra
3. Kenia – Grevy-Zebra

Halbwilde Pferde

1. Norwegen – Fjordpferd
2. Großbritannien – Dartmoor-, Exmoor-, Lundy-, New-Forest-, Shetland-Pony
3. Deutschland – Dülmener
4. Frankreich – Camargue-Pferde

Verwilderte Pferde

1. Westliches Nordamerika – Mustang
2. Sable Island, Kanada – Sable-Island-Pony
3. Assateague Island, USA – Assateague-, Chincoteague-Pony
4. Argentinien – Criollo
5. Polen – Tarpan
6. Mongolei – Prschewalski-Pferd
7. Namibia – Namib-Pferd
8. Australien – Brumby
9. Neusseland – Kaimanawa

Map labels: Europa, Asien, Afrika, Australien

DIE LETZTEN ÜBERLEBENDEN

Das letzte Rückzugsgebiet des Khur, einer Unterart des Asiatischen Wildesels, ist die öde Salzwüste Kleine Rann von Kutch. Sie liegt in Gujarat in Nordwest-Indien nahe der pakistanischen Grenze.

LEBEN IN AFRIKA

In der afrikanischen Savanne leben verschiedene Tierarten friedlich zusammen. Zebras teilen ihre Weideflächen und Wasserstellen häufig mit Antilopen, Gazellen und Straußen. Männliche Grevy-Zebras wandern in der Trockenzeit nicht ab, sondern bewachen ihr Territorium. Sie verbünden sich mit Oryx-Antilopen- und Giraffengruppen. Einzelne Steppenzebrahengste schließen sich zeitweise Grevy-Zebras an. Beim Zusammentreffen verschiedener Tierarten an einem Wasserloch gibt es eine Rangordnung: Steppenzebras dürfen vor Gazellen und Grevy-Zebras trinken. Sie müssen jedoch Gnus, Giraffen, Nashörnern und sogar Warzenschweinen den Vortritt lassen. Viele Tiere zusammen leben sicherer und entdecken Gefahren schneller.

PICK, PICK!
Der Rotschnabel-Madenhacker bietet Zebras seine Dienste an. Der Vogel befreit die Stellen, die das Zebra selbst nicht erreichen kann, von Hautparasiten, wie zum Beispiel Zecken. Das Zebra steht dann mit gespreizten Beinen da, lässt die Ohren locker hängen und hebt den Schwanz. Wenn ein Zebra verletzt ist, trinken die Vögel aus den offenen Wunden das Blut des Tieres.

GEGENSEITIGER VORTEIL
Steppenzebras trinken hier Seite an Seite mit anderen Tieren an einem Wasserloch. Auch an besonders guten Weideplätzen kann man dies beobachten. Dort überschneiden sich nämlich die Territorien unterschiedlicher Tierarten. Zebras erleichtern anderen Pflanzenfressern die Mahlzeit, denn sie kämpfen sich als Erste durch den Busch und ebnen einen Pfad. Außerdem fressen sie raue Pflanzenstücke ab, die andere Tiere nicht mögen.

IMMER AUF DER HUT

Eine Tüpfelhyäne trägt ein Stück von einem Zebra weg, das von einer Löwin getötet wurde. Hyänen, Wildhunde und Löwen sind die Hauptfeinde der Zebras. Bei Gefahr stoßen Zebras einen Alarmruf aus. Mütter mit Fohlen verstecken sich dann hinter anderen Herdenmitgliedern. Zebrahengste greifen Hyänen mit den Hufen an.
Wenn ein Zebra ausbricht, flüchtet auch der Rest der Herde.

EIN MARSCH VOLLER GEFAHREN

Ein großes Nilkrokodil hat sich ein Steppenzebra geschnappt, das den Mara-Fluss in Kenia überquerte. Das Krokodil hält das Zebra fest in seinen kräftigen Kiefern und zieht es unter Wasser. Sobald es ertrunken ist, reißt das Krokodil maulgerechte Stücke ab.

EIN KÖNIGLICHES MAHL

Dieses verwilderte Pferd in der Kalahari-Wüste starb wahrscheinlich eines natürlichen Todes. Männliche Löwen fressen lieber Aas als selbst zu jagen. Ausgewachsene Löwen haben keine Chance gegenüber einem leichtfüßigen Pferd. Löwinnen sind jedoch bei der Jagd nach Equiden oft erfolgreich.

FLIEGENPLAGE

Die Tsetse-Fliege plagt die Mehrzahl der warmblütigen Tiere des südlichen und östlichen Afrikas, außer die Zebras. Das Geheimnis liegt in der Streifung: Forschungen mit Zebra-Attrappen zeigten, dass die weißen und schwarzen angegriffen wurden, nicht aber die gestreiften. Man nimmt an, dass das Auge des Insekts mit den vielen Einzellinsen das Zebra wegen seiner Streifen nicht erkennt.

NAHAUFNAHME:

1. Von Juli bis September folgen hunderttausende von Tieren dem Regen aus der Serengeti-Wüste in Richtung Massai Mara. Sie wandern jedes Jahr in langen Kolonnen auf den gleichen, ausgetretenen Pfaden.

Riesige Herden von Zebras, Gazellen und Gnus leben in den Savannen des südlichen und östlichen Afrikas. Auf der Suche nach neuen Weidegründen sind sie ständig unterwegs. Die Herden wandern vom Akazienbusch im Nordwesten zum Grasland im Südosten und wieder zurück. Ihre Rundreise dauert ein Jahr.

Zebras nehmen ein Gewitter bereits aus 100 Kilometer Entfernung wahr. Sie versammeln sich in großen Herden, lauschen dem Donner und beobachten die Regenwolken. Denn Regen füllt die Wasserlöcher und lässt neues, frisches Gras wachsen. Die Zebras erreichen diese Gebiete als Erste. Sie fressen die zähen Teile der energiereichen neuen Vegetation und bereiten den nachfolgenden Arten den Pfad.

2. Eines der Haupthindernisse für die Tiere auf ihrer großen Wanderung ist der Mara-Fluss. Keines der Tiere will den Schritt wagen, als Erstes den Fluss zu überqueren. Also sammelt sich eine riesige Anzahl Zebras, Gnus und Gazellen am Flussufer an.
Die Tiere verharren dort oft sehr lange Zeit, bis sie endlich hindurchwaten.

WANDERUNG DER ZEBRAS

3. Sobald ein Tier vorangeht, folgen die anderen zügig. Führt der Fluss vom Regen viel Wasser mit sich, müssen die Tiere schwimmen. Einige werden von der Strömung davongetragen. Kleinere Herdenmitglieder werden oft von Krokodilen nach unten gezogen und ertränkt. Ist der Wasserstand niedrig, waten die Zebras und können angreifende Krokodile mit Hilfe von Huftritten abwehren.

4. Diese Löwinnen beobachten die Zebras und Topis, die den Fluss überquert haben. Während ihrer großen Wanderungen durchstreifen diese Löwenterritorien. Die Raubkatzen stürzen sich auf geschwächte Tiere und freuen sich über das reiche Angebot an Beute.

5. Die Zebras geraten beim Geruch der Löwinnen in Panik. Sie brechen die Überquerung ab und ziehen sich in die Savanne zurück. Dort versammeln sie sich und versuchen es erneut: Sie müssen auf die andere Seite zu frischem Weidegras kommen.

6. Eine Löwin jagt Tiere einer auseinander getriebenen Zebra- und Antilopenherde. Die Herde wurde von mehreren Löwinnen eingekreist und in einen Hinterhalt gejagt. Hyänen und einzelne Löwen folgen der Herde in der Hoffnung, Nachzügler oder ungeschützte Jungtiere zu erbeuten.

IN FREIHEIT

Ü berall auf der Welt gibt es verwilderte Pferde. Sie stammen von
Hauspferden ab, die aus Gehegen aus-
gebrochen sind oder von ihren Besitzern
freigelassen wurden. Diese Pferde haben
sich häufig vermehrt und weiterentwickelt. Die meisten verwilderten Pferde
gehören niemandem. Dennoch kümmern
sich manchmal Menschen um eine
Herde, damit sie überleben kann. Die
Menschen sorgen dafür, dass die Tiere
immer genug Nahrung und Wasser
bekommen.

Wenn eine Herde durch das Fressen der
Pflanzen zu viel Lebensraum zerstört,
entscheidet eine Regierungsbehörde gelegentlich, was mit der Herde passieren
soll. Die Pferde werden dann manchmal
zusammengetrieben, einige von ihnen
werden getötet, andere werden als Haustiere verkauft.

WEM GEHÖREN DIE ZWEI?

Brumbys erhielten ihren Namen nach James Brumby, einem
Soldaten, der 1791 nach Australien kam. Er lebte in New South
Wales, zog später nach Tasmanien und ließ seine Pferde
zurück. Wenn die Leute fragten, wem die Pferde gehören, hieß
es: „Das sind Brumby's." Diese beiden leben auf Fraser Island
vor der Küste von Queensland.

AM PULS DER EVOLUTION

Diese verwilderte argentinische Stute und ihr Fohlen stammen
wahrscheinlich von spanischen Pferden ab. Gehören die Vorfahren einer Herde unterschiedlichen Rassen an, sind die Pferde
oft verschieden groß und ihr Fell ist unterschiedlich gefärbt. Verwilderte Pferde passen sich den Bedingungen in Freiheit an.

INSELLEBEN

Die Verbreitung der Sable-Island-Ponys wird durch das Meer begrenzt. Sable Island liegt vor Nova Scotia in Kanada. Wenn zu viele Tiere auf kleiner Fläche leben, führt das oft zu einer Überweidung. Dann wird das Ökosystem gestört.

VERWILDERTE ESEL

In Australien und Nordamerika wurden im späten 19. Jahrhundert Esel als Lasttiere von Minenarbeitern und Goldgräbern eingesetzt. Dann wurden sie freigelassen und überlebten im Freiland. In Australien gibt es 1,5 Millionen umherstreunende Esel.

SCHWIMMEND IN DIE FREIHEIT

Wahrscheinlich schwammen Ponys im 17. Jahrhundert von einer sinkenden spanischen Gallione auf die Insel Assateague vor Maryland, USA. Die etwa 300 verwilderten Ponys, die nun dort leben, fressen hauptsächlich Gras, Hagebutten, Myrten und Salzgräser. Durch Zertrampeln des Bodens gefährden sie das Sumpfland.

GEJAGT

Die Territorien der Mustangs sind durch menschliche Siedlungen begrenzt. Aber nicht immer werden diese Grenzen eingehalten. Gelegentlich verpaaren sich Mustangs mit Rassepferden, was deren edle Abstammung verschlechtert. Wenn sie Felder zerstören, werden sie manchmal abgeschossen. Mustangs haben wegen ihrer Größe und ihrer Schnelligkeit nur wenige Feinde.

HALBWILDES LEBEN

An manchen Orten ziehen Pferde fast das ganze Jahr über frei umher, obwohl sie jemandem gehören. Sie leben wie ihre wilden Verwandten: Sie bilden Herden und suchen sich ihre Nahrung selbst. Diese halbwilden Pferde sind besondere Züchtungen, die in dem Klima und in der Pflanzenwelt ihrer Heimat überleben können. Sie wurden über viele Generationen hinweg im gleichen Gebiet gehalten. Immer im Herbst, wenn die Fohlen ein paar Monate alt sind, werden sie zusammengetrieben. Dann überprüfen die Besitzer ihre Gesundheit, markieren die Fohlen mit einem Brandzeichen und suchen Tiere aus, die gezähmt oder verkauft werden.

KLEIN, ABER OHO!
Shetland-Ponys trotzen dem rauen Wetter im Norden der britischen Inseln. Sie tragen ein dickes Fell und ihre großen Nüstern (Nasenlöcher) erwärmen die kalte Luft vor dem Einatmen. Mit hoch ausholenden Schritten weicht das Pony Unebenheiten im Boden aus.

EIN ZUHAUSE
In New Forest in Südengland leben seit über 1.000 Jahren Ponys. Jede Familiengruppe besitzt ihr eigenes Streifgebiet, in dem die Tiere Nahrung, Wasser und außerdem Schutzzonen finden. Schutzzonen nennt man die offenen Flächen, wo sich die Tiere versammeln, um sich vor Insekten zu schützen.

DIE WILDEN DEUTSCHEN
Dülmener Ponys kommen in Westfalen in Deutschland vor. Solche halbwilden Herden gibt es hier seit dem 14. Jahrhundert. Sie stellen keine einheitliche Rasse dar, da polnische und britische Tiere mit ihnen Nachkommen gezeugt haben.

MODISCHER HAARSCHNITT

Hier sieht man Fjord-Pferde aus Norwegen. Das linke Pony wurde zum Reiten gezähmt, darf sich den Sommer über jedoch frei bewegen. Die Menschen haben ihm die Mähne gestutzt, doch sie wird bald nachwachsen und so natürlich wie bei dem rechten Pony aussehen.

FÜTTERN VERBOTEN!

Einige halbwilde Ponys leben in Touristengebieten. Obwohl sie nicht gefüttert werden dürfen, halten sich die Urlauber nicht immer daran. Liegen gelassene Picknickreste verschmähen die Ponys ebenfalls nicht. Mit der Zeit verlieren sie auch ihre Angst vor Autos und viele werden auf den Straßen überfahren.

HEIRATSWILLIG

Dartmoor-Ponys waren vor 60 Jahren fast ausgestorben. Über 1.000 Jahre lang hatten sie in Dartmoor in Südwest-England gelebt. Heute sind die Stuten zwar frei lebend, aber es wurden eingetragene Deckhengste zur Auffrischung der Zucht eingeführt.

ÜBRIGGEBLIEBEN

Auf der winzigen Insel Lundy vor der Südwestküste Englands lebt eine Gruppe von 30 Ponys. Sie sind auf zwei Herden verteilt. Die einen leben in der ungeschützten Hochebene einer Insel, die anderen auf geschützterem Farmland. Lundy-Ponys sind als Rasse anerkannt.

VERSPIELT

Szenen wie diese erfreuen die Touristen. Von einem Beobachtungspunkt aus bewundern sie die Namib-Pferde. Doch die Meinungen sind geteilt: Einige Naturschützer versuchen die Pferde zu schützen. Andere würden sie lieber zum Abschuss freigeben, damit sie das empfindliche Ökosystem der Wüste nicht zerstören.

WASSERMANGEL

Es gibt nur wenig Wasser in der Namib-Wüste. Die Pferde müssen ein künstliches Bohrloch zum Trinken aufsuchen. Die Wüstenpferde sind kleiner als ihre Vorfahren. Sie kommen bis zu fünf Tage ohne Wasser aus und müssen nicht so viel Urin lassen.

Die einzigen Pferde der Welt, die unter den extremen Bedingungen der Wüste überleben, sind in der Namib- Wüste in Südwest-Afrika zu Hause. Diese verwilderten Pferde stammen höchstwahrscheinlich aus Europa und entkamen vor über 80 Jahren ihren Besitzern. Die Tiere konnten ungestört durch das Wüstengebiet ziehen, weil dort der Zutritt für Menschen verboten war. Hier wurden nämlich einst Diamanten gefunden.

Es ging den Pferden in diesem kargen Land aber nicht immer gut, denn es gab viel zu wenig Wasser. Ein großer Teil der Tiere war bereits verdurstet, als ein Minenarbeiter die Herde in den 70er Jahren entdeckte. Er sammelte die notwendigen finanziellen Mittel für eine ständige Wasserversorgung und auf diese Weise wuchs der Bestand wieder auf 280 Tiere an. Derzeit gibt es noch um die 150 Einzelpferde, die in zwei bis drei Herden leben.

PFERDE IN DER WÜSTE

NUR SELTEN KRANK

Die Namib-Pferde sehen zwar knochig und zerzaust aus, aber sie trotzen beharrlich den harten Bedingungen der Wüste. Sie leben mit anderen Wüstentieren wie Springböcken, Oryx-Antilopen und Straußen zusammen. Ein Vorteil von Hitze und Trockenheit besteht darin, dass die Pferde kaum Parasiten haben und nur äußerst selten krank werden.

ZEIT FÜR NACHWUCHS

In der Regenzeit wächst die Natur üppiger. Die Pferde nehmen an Gewicht zu und pflanzen sich fort. Aufgrund ihres einsamen Lebens in kleinen Herden verpaaren sich die Tiere nur untereinander. Forscher interessieren sich für die Auswirkungen der Inzucht.

EIN BAD IM SAND

Die Pferde pflegen ihr Fell, indem sie sich im Sand wälzen. Der ungewöhnliche Lebensraum der Namib-Pferde kann Forschern Aufschluss darüber geben, wie sich Tiere beim Wechsel von einem gemäßigten zu einem extremen Klima anpassen.

REGEN IST SEGEN

Die Namib-Pferde sind in der Regel eher mager. Nur in Jahren mit relativ hohem Niederschlag werden sie dicker und der Bestand wird größer. Der Regen lässt die Pflanzen wachsen und liefert den Pferden mehr Nahrung.

FRÜHE VORFAHREN

Die frühesten pferdeähnlichen Tiere waren ungefähr so groß wie Füchse. Sie lebten vor etwa 45 Millionen Jahren auf der Erde. In den ersten 20 Millionen Jahren veränderten sie sich fast überhaupt nicht. Lediglich die Beine wurden länger, so dass die Pferde schneller vor Feinden fliehen und außerdem lange Strecken zurücklegen konnten. Die frühen Arten bewohnten Waldgebiete und ernährten sich ausschließlich von Blättern. Dann entstanden Graslandschaften und mit dem neuen Nahrungsangebot kamen zahlreiche pferdeähnliche Arten auf. In dem offenen Grasland überlebten die Tiere mit den längsten Beinen und dem größten Körper am besten.

Vor weniger als zwei Millionen Jahren kam erstmals eine Art vor, aus der sich das Pferd entwickelte, wie wir es heute kennen. Man nannte es Equus. Diese frühen Pferde besaßen noch mehrere Zehenglieder. Später bildeten sich eingliedrige Zehen in Hufform, wodurch die Tiere noch schneller wurden.

VOM ALTEN SCHLAG

Prschewalski-Pferde ähneln der ursprünglichen Pferdeart *(Equus)*. Ihr Körper ist kurz und gedrungen, der Kopf groß und entlang der Wirbelsäule verläuft ein schwarzer Aalstrich.

EVOLUTION UND ÜBERLEBEN

Biologen erklären die Evolution (Entwicklung aller Lebewesen) oft anhand des Pferdes, da es viele vorgeschichtliche fossile (versteinerte) Funde von Pferden gibt. Vor 20 Millionen Jahren *(Miozän)* entwickelten sich viele verschiedene Zweige der Pferde, aber nur Equus überlebte. Er ist der Vorfahr des heutigen Pferdes. In Amerika starb diese Pferdeart am Ende der Eiszeit als Folge der Klimaveränderungen aus. Die Umzuchtung zum Haustier in Asien rettete sie vor dem Aussterben.

Hyracotherium
54 Mio. Jahre (Eozän)

Mesohippus
30 Mio. Jahre (Oligozän)

Merychippus
20 Mio. Jahre (Miozän)

Equus
2 Mio. Jahre (Pleistozän)

PLATTFUSS

Eins der frühesten fossilen Pferde heißt *Hyracotherium* oder *Eohippus*. Es war nicht größer als ein Hund und fraß Pflanzen. Es besaß vier Zehenglieder an den Vorderbeinen und drei an den Hinterbeinen. Es lief auf der Fußsohle und nicht auf den Zehenspitzen.

LIEBLINGSSPEISE: BLÄTTER

Mesohippus entwickelte sich vor 25 bis 38 Millionen Jahren. Die Vorderfüße dieser Pferdeart hatten drei Zehenglieder. Diese Tiere waren größer als die frühere Art. Die Kauflächen ihrer Zähne waren breiter, so dass sie Blätter gut zerkauen konnten.

OPFER DER ANPASSUNG

Das dreizehige Urpferd *Anchitherium* war eines der vielen pferdeähnlichen Tiere, die vor 2 bis 25 Millionen Jahren lebten. Von Nordamerika aus bevölkerte es Eurasien, starb dann aber aus, ohne Nachfahren zu hinterlassen. Wahrscheinlich war es seiner Umwelt sehr gut angepasst, aber durch die Klimaveränderungen wurde ihm der Lebensraum genommen.

DIE BEWOHNER DES GRASLANDS

Die große Ausbreitung der Savannen in Nordamerika vor etwa 20 Millionen Jahren war für Pferde wie das *Merychippus* von Vorteil. Es entwickelten sich neue Arten, die an die Pflanzen des Graslands und die wenig bewachsenen Flächen angepasst waren. Die Beine der Tiere wurden länger und ihr Rücken wurde kräftiger, so dass sie besser fliehen konnten.

47

DAS PFERD ALS HAUSTIER

Früher jagten die Menschen Wildpferde, um das Fleisch der Tiere zu verzehren. Erst vor etwa 6.000 Jahren fingen sie die Tiere für die Fleisch- und Milchgewinnung ein und züchteten sie. Die Pferde waren aber noch keine Haustiere wie Schafe und Ziegen. Fossile Pferdezähne zeigen, dass Pferde erst vor 5.500 bis 6.000 Jahren geritten wurden. Die Abnutzung der Zähne deutet nämlich auf den Gebrauch von Mundstücken hin. Bauern aus Zentralasien waren die Ersten, die den Mut hatten, Wildpferde zu reiten. Von ihren kleinen, stämmigen Rassen stammen die heutigen Pferde ab. Seitdem hat der Mensch viele Pferdetypen gezüchtet – von schnellen, leichten Reitpferden bis hin zu schweren Zugpferden.

DIE PFERDE VON LASCAUX

Die Höhlenmalereien in Lascaux in Frankreich sind etwa 15.000 Jahre alt. Sie stellen Wildpferde dar, die Prschewalski-Pferden ähneln. In Europa gab es bis vor 2.500 Jahren kleine Populationen von Wildpferden.

SCHLACHTRÖSSER

Pferde wurden von den Menschen schon früh in Schlachten eingesetzt. Bereits 1.800 v. Chr. haben sie die Streitwagen gezogen. Um 1.000 v. Chr. entwickelte sich die Kavallerie (Reitertruppe) als Kampfeinheit. Die berittenen Krieger hatten gegenüber den Fußsoldaten viele Vorteile.

SCHWERE ARBEIT

Mit Hilfe des Clydesdale Kaltbluts wurden die Prärien in Nordamerika und neubesiedeltes Land in Australien nutzbar gemacht. Die Pferde zogen Pflüge über den Boden und außerdem voll beladene Planwagen. Clydesdales wiegen fast eine Tonne, gehören aber zu den leichteren Zugpferden.

WANDERN ZU PFERD
Als die ersten feurigen Wildpferde in Asiens Steppen geritten
wurden, war das Wandern zu
Pferd noch längst nicht üblich.
Pferde müssen stets vorsichtig
trainiert werden, damit sie ihre
natürliche Nervosität über-
winden.

MILITÄRPARADE
Heute werden Pferde überall auf der Welt bei
Militärparaden eingesetzt. Diese indischen
Reiter tragen spezielle Reithosen und Stiefel, die
nach der Stadt Jodhpur in Indien benannt
wurden. Dort gab es nämlich einst ein großes
Reitzentrum.

PFERDE IN DER BIBEL

*In den biblischen Geschichten der Christen
und Juden spielen Pferde eine große Rolle.
Der Prophet Elias stieg in einem flammen-
den Zauberwagen, der von Pferden gezogen
wurde, zum Himmel hinauf. Henoch, von
Gott als König der Engel auserwählt, fuhr in
einem Sturmwagen mit sechs Pferden davor.
Im Altertum waren Pferde ein Zeichen von
Reichtum und Ansehen.*

REITSPORT
Der Mensch ist darum bemüht, Pferde heranzuziehen, die Springturniere
und Rennen gewinnen. Deshalb züchtet er Nachkommen ausgewählter
Siegerpferde. In der Wildnis dagegen ist es natürlich, dass sich die stärksten
und schnellsten Pferde zur Erhaltung der Art weiterentwickeln. Viele Reit-
disziplinen scheinen den Pferden
Spaß zu machen, da sie
ihrem natürlichen Spiel-
verhalten entsprechen.

ZEBRASTREIFEN

BREITE STREIFEN
Steppenzebras im Norden haben breitere Streifen als die im Süden. Dieser Unterschied könnte etwas mit der Herdengröße zu tun haben. Im Allgemeinen bilden die Zebras mit den breitesten Streifen große Gruppen im Grasland. Das Nahrungsangebot hängt von der Jahreszeit ab.

Es gibt drei lebende Zebraarten: das Steppenzebra (mit sechs Unterarten), das Bergzebra (mit zwei Unterarten) und das Grevy-Zebra. Jede Art zeichnet sich durch eine besondere Streifung aus. Das Streifenmuster sieht aber bei jedem einzelnen Tier etwas anders aus. Möglicherweise erkennen sich die Zebras einer Herde an bestimmten Merkmalen des Musters. Wahrscheinlich waren die Vorfahren aller Equiden gestreift. Da sich Zebras vor ihren Feinden nicht verstecken, dient die Streifung anscheinend zur Tarnung. Bei Dämmerung und im Mondlicht, den Hauptruhezeiten der Tiere, sind sie jedenfalls nur schwer zu erkennen. Die Streifen halten womöglich auch Insekten ab. Und es wird an-genommen, dass die Zweifarbigkeit der Wärmeregulie-rung dient: Weiß gibt Wärme ab, Schwarz nimmt sie auf. Der Zweck der Streifen ist allerdings noch nicht end-gültig geklärt.

DIE STREIFEN EINES BERGBEWOHNERS
Das Bergzebra hat eine dichte Streifung, die oben am Rumpf breiter wird. Der Bestand an Bergzebras ist zurückgegangen. Sie leben nur noch in Schutzgebieten in Südwest-Afrika.

IM NADELSTREIFENANZUG
Das Grevy-Zebra ist von allen Zebraarten am dichtesten gestreift. Seine Streifung ähnelt der der Vorfahren aller Zebras, die vor fünf Millionen Jahren lebten, am meisten.

VIELE AUGEN SEHEN MEHR

In einer Familiengruppe von Steppenzebras gibt es viele Nüstern-, Ohren- und Augenpaare, die Gefahren erkennen können. Ein Leithengst beschützt die Gruppe. Grevy-Zebras leben nicht in einer Familiengruppe. Daher sind die einzelgängerischen Hengste leicht angreifbar.

SCHNELL AUF DIE BEINE!

Zehn Minuten nach seiner Geburt kann das Steppenzebra stehen, nach 20 Minuten kann es laufen und nach 45 Minuten galoppieren. Neugeborene Zebras müssen nämlich oft schon bald nach der Geburt vor Raubtieren fliehen.

SALZIGER SNACK

Während die Zebras eine Salzlecke im Felsen aufsuchen, passt eins der Tiere auf mögliche Angreifer auf. In sehr heißen Gebieten müssen die Tiere das Salz wieder aufnehmen, das sie durch Schwitzen verloren haben. Auch nachts halten immer ein oder zwei Tiere Wache.

WILDESEL UND HAUSESEL

Vor etwa 6.000 Jahren lernten die Menschen die zähe Natur, Stärke und Trittsicherheit des afrikanischen Wildesels zu schätzen. Menschen im Nahen Osten zähmten einige der Tiere und ließen sie für sich arbeiten.
Der Hausesel ist der Nachfahr dieser Wildesel. Seit Jahrhunderten werden Esel als Lasttiere eingesetzt. Esel sind zwar weder so schnell noch so gewandt wie andere Equiden, aber sie leisten auch unter schwierigen Bedingungen viel. Esel sind äußerst robust, sie kommen mehrere Tage mit sehr wenig Futter aus und können bis zu 100 Kilogramm Gewicht tragen. Auf Wanderungen benötigen sie viel weniger Wasser als Pferde.
Mit dem Hausesel verwandt ist der Halbesel, der in mehreren Unterarten in Asien vorkommt. Jede Population lebt weit entfernt von ihren Verwandten.

BESONDERS BEDROHT

Der Somali-Wildesel ist eins der bedrohtesten Säugetiere der Welt. Es leben nur noch vereinzelte Gruppen in Somalia und Äthiopien. Manchmal verpaaren sich die Wildesel mit Haus- oder verwilderten Eseln, was die Population noch mehr gefährdet. Reine Somali-Wildesel und Mischlinge sind nur schwer auseinander zu halten.

WIR HABEN ÜBERLEBT!

Khure sind eine Unterart des Halbesels. Sie bewohnen ein Wüstengebiet im Nordwesten von Indien und leben dort von spärlichem Gras. Früher gab es tausende Khure, aber viele starben an Krankheiten, die von Hausrindern übertragen wurden.

FLINKE BEINE

Das flache Wüstengebiet von Kachchh in Indien ist ideal für diese Khure, denn hier können sie einem Feind schnell entkommen. Khure sind die schnellsten Wildpferde der Erde. Sie können kurzzeitig bis zu 70 Stundenkilometer erreichen und über längere Strecken immerhin noch 50. Wie bei allen Equiden ist für sie die Flucht die beste Verteidigung.

WASSERVERLUST

Wildesel, wie dieser Somali-Wildesel, trotzen den Bedingungen des Wüstenlebens bestens. Sie überleben Wasserverluste von 30 Prozent ihres Körpergewichtes. Die Mehrzahl der Säugetiere würde schon bei 12 bis 15 Prozent Wasserverlust sterben. Wildesel können das Schwitzen und den Wassergehalt ihres Kotes regulieren. Erreichen sie eine Wasserquelle, gleichen sie den Verlust wieder aus: Sie trinken dann bis zu 30 Liter in nur wenigen Minuten.

ABDUL VON GALLIPOLI

Ein griechischer Esel namens Abdul wurde im Ersten Weltkrieg als Held gefeiert. Er und ein Krankenträger brachten im Jahre 1915 in der Schlacht bei Gallipoli hunderte von verwundeten australischen Soldaten in Sicherheit. Nachdem der Krankenträger getötet worden war, ging Abdul den gefährlichen Weg durch den Kugelhagel allein weiter und rettete somit weiteren Soldaten das Leben.

MILCH VOM ESEL

Im alten Ägypten nutzte man Esel nicht nur als Lastentiere. Die Menschen setzten sie auch beim Dreschen von Getreide ein. Außerdem molken sie die Stuten. Die Milch von Eselstuten hat nämlich einen höheren Zucker- und Eiweißgehalt als Kuhmilch und diente den alten Ägyptern als Nahrung, Medizin und Hautpflegemittel.

ZU NEUEM LEBEN ERWECKT

PFERD ODER ZEBRA?

Das Quagga sah aus wie eine Kreuzung aus Zebra und Pferd. Es hatte an den Vorderbeinen Streifen, die Hinterbeine waren ungestreift.

In den letzten Jahrhunderten starben viele pferdeähnliche Arten, weil die Menschen sie jagten oder ihren Lebensraum zerstörten. Wissenschaftler aus Südafrika züchten nun eine vor 100 Jahren ausgestorbene Unterart des Steppenzebras nach, das Quagga. Sie analysierten die DNA aus der Haut eines präparierten (ausgestopften) Quaggas, das in einem Museum ausgestellt ist. Sie verglichen sie mit der DNA eines Steppenzebras. Dann wurden passende Steppenzebras mit hellen Streifen für das Zuchtprogramm ausgewählt. Die Nachkommen der Steppenzebras sollen dem Quagga allmählich immer ähnlicher werden. So wird dem Quagga zu neuem Leben verholfen.

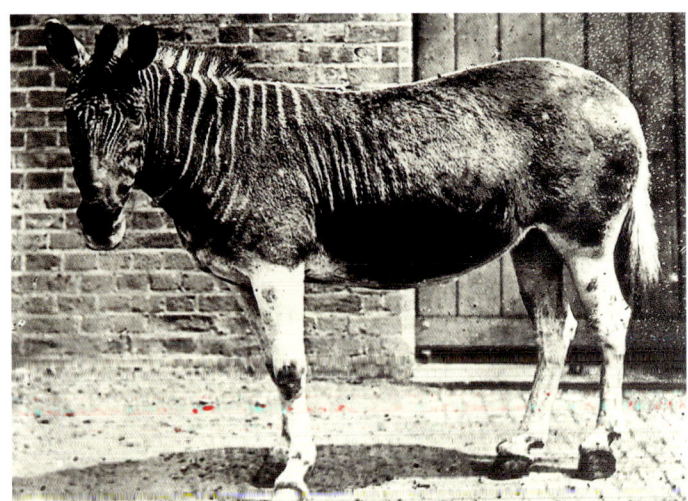

AUSGESTORBEN

Das Quagga bewohnte ein ödes Gebiet in Südafrika. Die frühen Siedler dort befürchteten, dass die Tiere ihren Schafen und Ziegen das Gras wegfressen würden. Deshalb schlachteten sie Millionen von Quaggas. Später wurden einige in Zoos untergebracht. Eine Weiterzucht hielt man nicht für nötig. Man nahm vielmehr an, es gäbe noch genug freie Quaggas. Das letzte Quagga starb am 12. August 1883 im Zoo von Amsterdam.

LANGSAM, ABER SICHER

Neun solcher Steppenzebras wurden für das Quagga-Projekt ausgewählt. 1998 ließ man ihre Nachkommen im Karoo Nationalpark frei. Da sie dort die einzigen Zebras waren, haben sie sich nur untereinander verpaart. Die Nachkommen jeder Generation, die dem Quagga am ähnlichsten sind, gelangen in die nächste Zuchtphase. Eine Neuzucht ist ein langwieriger Prozess, denn Zebras werden erst mit zwei bis drei Jahren geschlechtsreif.

FAST WIE DAS ORIGINAL

Ein Zebra aus dem Quagga-Projekt hat schon weniger Streifen als andere Zebras. Es ähnelt dem Quagga und ist genauso stark braun gefärbt. Irgendwann wird ein Fohlen zur Welt kommen, das ganz genau wie ein Quagga aussieht.

STEPPENBEWOHNER

Das Konik-Pony stammt aus Polen. Es ist ein Abkömmling des Tarpans *(Equus przewalski gmelini)*, einem einfach gebauten Pony, das bis zu seinem Aussterben im 19. Jahrhundert frei lebte. Der Tarpan bewohnte die Hochsteppen in Osteuropa und Westasien. Mit Hilfe des Konik-Ponys und anderen Abkömmlingen wird ähnlich dem Quagga-Projekt ein Zuchtprogramm aufgebaut, mit dem die Tarpane nach-gezüchtet werden sollen.

DIE NEUEN WILDEN

Die polnische Regierung veranlasste die Nachzüchtung des Tarpans. Der Bestand der Tarpane hatte sich nach und nach mit anderen Rassen vermischt, so dass es am Ende kein reines Tier mehr gab. Also ließ die Regierung Prschewalski-Hengste (oben) und tarpanähnliche Stuten, wie Konik- und Island-Ponys, in zwei polnischen Naturschutzgebieten frei. Heute gibt es dort frei lebende Pferde, die fast genauso wie die ehemaligen Tarpane aussehen.

NAHE VERWANDTE

VEGETARISCHE SPEZIALITÄTEN

Alle Unpaarhufer sind Pflanzenfresser. Pferde und Breitmaulnashörner ernähren sich vor allem von Gras. Andere Nashörner und Tapire mögen als Laubfresser neben Blättern auch nahrhaftes Futter wie Früchte und Samen.

Die engsten Verwandten der Pferde sind die anderen Huftiere. Pferde sowie Nashörner und Tapire sind Einhufer und zahlen zu den Unpaarhufern. Sie haben keine zweigeteilten Hufe (so genannte Klauen) wie die Paarhufer, zu denen Rinder, Schafe und Ziegen gehören.

Vor etwa 40 Millionen Jahren überwogen in Nordamerika die Unpaarhufer und verbreiteten sich über weite Teile der Erde. Die Tiere passten sich an ein unterschiedliches Nahrungsangebot an. Riesige, giraffenähnliche Lebewesen fraßen die Früchte aus den Baumkronen. Die frühen Arten der Pferde ernährten sich von der mittleren Blätterschicht der Bäume. Ihre Zähne wurden wurzellos und wuchsen ständig. Die Nashörner nahmen die faserhaltigen jungen Pflanzen und Blätter am Boden auf.

Nach und nach starben die meisten Familien der Unpaarhufer aus, weil sie entweder gejagt wurden oder erkrankten. Außerdem verloren sie durch Klimaveränderungen ihren Lebensraum. Von den heute noch lebenden Unpaarhufern sind die Nashornarten ebenfalls vom Aussterben bedroht. Von den heutigen Huftieren sind die Wiederkäuer am widerstandsfähigsten.

EINE FRAGE DER ZEHEN

Nashörner hinterlassen einen Fußabdruck, der wie ein Kleeblatt aussieht. Anders als die Equiden besitzen sie noch drei Zehen, wie einst Mesohippus, der vorgeschichtliche Vorfahr von Pferd und Nashorn. Das Pferd entwickelte sich zum schnellen Läufer und zwei der Zehen bildeten sich zurück. Der Zeh des Pferdes ist von einem Huf umschlossen.

SCHEUER TAPIR

Tapire suchen mit ihrer langen, beweglichen Nase nach Nahrung. Tagsüber verstecken sie sich, nachts fressen und baden sie. Ihr kurzes, dichtes Fell ist zur Abwehr von Insekten oft schlammverkrustet. Tapire leben in den tropischen und subtropischen Wäldern Südamerikas und Malaysias. An den Hinterbeinen haben sie drei Zehen und an den Vorderbeinen vier.

STARK BEDROHT

Spitzmaulnashörner gibt es nur noch selten. In den letzten Jahrzehnten verminderte sich der Nashornbestand vor allem in Ostafrika drastisch: Die Tiere wurden gejagt und ihr Lebensraum wurde zerstört. Spitzmaulnashörner bekommen nur alle drei Jahre Nachwuchs. Die Vergrößerung des Bestandes wird also sehr lange dauern.

PRIMA RASENMÄHER!

Die breiten, viereckigen Lippen dieser Breitmaulnashörner verraten etwas über die Fressgewohnheiten dieser Tiere: Wie Rasenmäher schneiden sie das Gras ab. Sie haben sich bestens an das Grasland in Nordost- und im südlichen Afrika angepasst. Spitzmaul- und Panzernashörner sind Laubfresser und verfügen über spitze Lippen zum Greifen. Das Verdauungssystem von Nashörnern ähnelt dem von Pferden. Im vergrößerten Dickdarm helfen Bakterien bei der Verdauung der Nahrung.

ANDERE PFLANZEN-FRESSER

PFERD IM FLUSS

Flusspferde, auch Nilpferde genannt, lieben es zu baden. Nachts gehen sie auf Nahrungssuche. Wie Pferde grasen sie und rupfen dazu das Gras mit ihren breiten Lippen ab.

LANGE HÄLSE

Giraffen fressen die Blätter, die in den Baumkronen wachsen. Die Lippen und die Zunge der Giraffen sind beweglicher als die von Pferden. Sie erreichen damit auch die saftigen Blätter zwischen den Dornen. Ihre Ohren sind ebenfalls sehr beweglich.

Viele Huftiere sind Grasfresser. Im Gegensatz zu den Equiden lastet ihr Körpergewicht oft auf einem Paar Zehen und nicht auf einem Huf. Paarhufer gibt es in allen Lebensräumen und auf allen Kontinenten außer in Australien und der Antarktis. Sie verdauen die Nahrung anders als die Equiden. Die Mehrzahl von ihnen, wie zum Beispiel Giraffen, Antilopen, Kamele, Rinder und Schafe, sind Wiederkäuer. Schweine und Flusspferde dagegen gehören einer anderen Gruppe an. Die ersten Menschen trafen bereits im Grasland auf Paarhufer, die vorwiegenden Bewohner dieser Gebiete. Sie fingen sie ein und züchteten sie, um Milch, Fleisch und Leder zu gewinnen.

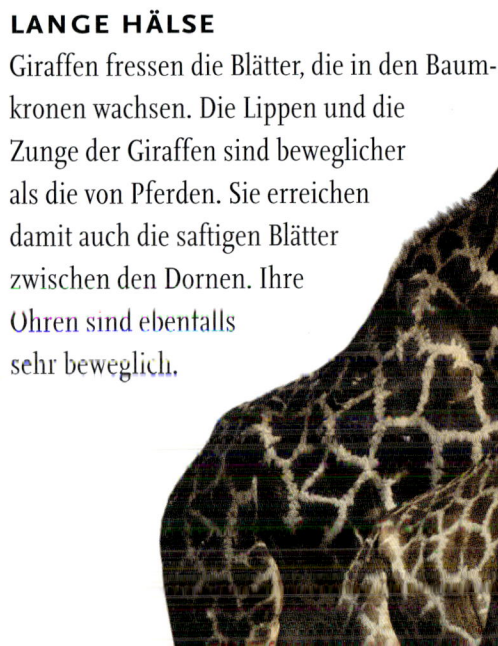

KAUM ZU GLAUBEN!

Das ist der kleinste Hirsch der Welt, der Pudu aus Südamerika. Er lebt in Buchenwäldern und ernährt sich von Früchten und Pflanzen. Der Pudu erinnert an den frühesten Pferdevorfahren *Hyracotherium*.

WANDERKAMERADEN

Gnus sind wie die Zebras Grasfresser. Sie leben in den afrikanischen Ebenen. Unzählige Gnus folgen den Zebras auf ihren jährlichen Wanderungen. Gnus gehören wie Gazellen zu den Antilopen. Sie geben laute Geräusche von sich: Sie blöken, grunzen und schnauben. Die Hörner junger Bullen verfangen sich häufig beim Spielen.

DURCHSTARTER

Thomson-Gazellen wandern in Herden durch die Savannen Afrikas. Jedes größere Raubtier jagt sie, aber wie Pferde flüchten sie im Spurt. Sie können über 15 Minuten lang 65 Stundenkilometer schnell laufen.

STIRNWAFFEN

Männliche Dickhornschafe setzen ihre Hörner zur Verteidigung ihrer Weibchen und Territorien ein. Equiden haben keine Hörner. Ihre Kampftechnik beruht eher auf Schnelligkeit als auf Stärke. Außerdem können sie ihre Gegner durch Bisse verletzen. Dickhornschafe haben sich in Nordamerika verschiedenen Lebensräumen angepasst: von der Wüste bis hin zu sehr kalten Bergregionen. Ihre gummiartig gepolsterten Klauen fangen das Gewicht beim Aufkommen auf dem felsigen Boden ab.

ABWECHSLUNG

Warzenschweine ernähren sich hauptsächlich von Gras. Nach Regenfällen rupfen sie die frischen Spitzen mit den Schneidezähnen oder den Lippen ab. Am Ende der Regenzeit fressen sie Grassamen. Bei Trockenheit graben sie mit der harten Oberkante ihrer Nase Wurzeln aus. Warzenschweine leben in Familiengruppen in den meist unbewaldeten Landschaften Afrikas.

ARTENSCHUTZ

Während sich die Haustierrassen der Pferde und Esel gut vermehren, kämpfen ihre wilden Verwandten ums Überleben. Die einzigen wilden Equiden, die zahlreich in ihrem natürlichen Lebensraum vorkommen, sind die Steppenzebras in Afrika. Die restlichen Gruppen, zumeist vom Aussterben bedroht, sind nur klein und leben vereinzelt. Einige Arten werden in Zoos gezüchtet und in Schutzgebieten ausgewildert. Verwilderte Pferde und Esel sind ebenfalls bedroht. Sie werden sogar manchmal abgeschossen oder vergiftet. Dem verwilderten Hausesel in Nordamerika, dem *burro*, wird zum Beispiel der Rückgang der Dickhornschafe angelastet. *Burros* zerstören den Boden und nehmen den Schafen Wasser und Futter weg. Trotzdem sind die Esel per Gesetz geschützt und Tierschutzvereine setzen sich auch für sie ein.

ZURÜCK IN DIE WILDNIS

Prschewalski-Pferde lebten einst im Altai-Gebirge in der Mongolei. Doch seit 1968 kommen sie in ihrem natürlichen Lebensraum nicht mehr vor. Die Menschen retteten dreizehn einzelne Tiere vor dem Aussterben und züchteten die Prschewalski-Pferde in Zoos überall auf der Welt. Vor kurzem brachte man sechzig Nachkommen in die freie Wildbahn zurück, in ein Schutzgebiet in den Bergsteppen der Mongolei.

AUS DEM GLEICHGEWICHT

Die verwilderten Pferde im Nationalpark auf den Cumberland-Inseln vor der Ostküste von Nordamerika bringen das empfindliche Ökosystem der Inseln durcheinander. Vogelbeobachter wollen gegen die Pferde vorgehen, weil sie dort ursprünglich nicht vorkamen. Die Parkverwaltung aber schützt die Pferde. Außer den Pferden leben verwilderte Schweine und viele andere Wildtiere auf diesen Inseln.

EINS, ZWEI, DREI, VIER ...

Frei lebende Chincoteague-Ponys wie dieses bewohnen die Insel Assateague vor der Ostküste von Virginia in Nordamerika. Sie werden getrennt von den hier lebenden Assateague-Ponys gehalten. Zum Schutz der Insel sorgt die freiwillige Feuerwehr von Chincoteague dafür, dass nicht mehr als 150 Tiere in der Herde leben. Jedes Jahr werden einige Ponys eingefangen und anschließend verkauft, damit der finanzielle Erhalt der Herde gesichert ist.

VOR DEM AUSSTERBEN GERETTET

Die Onager, die kleinsten, schnellsten und geschicktesten aller Equiden, sind eine Unterart des asiatischen Halbesels und leben im Nordiran. Starke Bejagung ließ den Bestand enorm zurückgehen und während des Ersten Weltkriegs wurden viele Tiere aus ihrem Lebensraum vertrieben. Heute steigen die Zahlen wieder an.

BESCHÜTZTE MUSTANGS

Das Leben ist nicht einfach für frei lebende Mustangs. In den Bergen müssen sie außerordentlich harte Winter überstehen. Deshalb werden sie größtenteils beobachtet und sind unter den Schutz von Regierungsbehörden gestellt.

EINE NEUE GENERATION

Ein frei lebendes Fohlen hat anders als seine Haustierverwandten die Möglichkeit, einen natürlichen Lebensraum zu bewohnen. Aber Pferde haben sich durch die Hilfe des Menschen auch weiterentwickelt: Auf der ganzen Welt gibt es etwa 60 Millionen Hauspferde.

GLOSSAR

ABSTAMMUNG, EINGETRAGENE
Tiere, die bestimmte Merkmale haben, werden zum Zweck der Weiterzucht registriert.

ARABER-PFERDE
Eine schmal gebaute, edle Pferderasse, deren Geschichte 5.000 Jahre zurückreicht.

ART
Eine Gruppe von Tieren mit gleichen Merkmalen, die sich miteinander fortpflanzen kann.

BACKENZÄHNE
Hinten im Kiefer liegende Zähne zum Zerbeißen und Zerkleinern von Nahrung.

BAND
Eine starke Faser, die zwischen den Knochen im Gelenk liegt. Sie sorgt dafür, dass sich die Knochen ohne Schaden bewegen.

BESTAND
Anzahl der Tiere einer Art.

BRÜNSTIG
Wenn eine Stute paarungsbereit ist.

DECKHENGST
Reinrassiger Hengst, der aufgrund seiner Abstammung mit Stuten gepaart wird.

DNA
Das Erbmaterial, der so genannte genetische Code, der für die Ausbildung verschiedener Merkmale verantwortlich ist. Er befindet sich in jeder Körperzelle.

EINFACH GEBAUT
Diese Pferde haben einen großen Kopf und einen untersetzten Körper.

EQUIDEN
Pferde und pferdeartige Tiere wie Wild- und Halbesel und Zebras.

EQUUS
Eine Art vor zwei Millionen Jahren, aus der sich das heutige Pferd entwickelte.

EVOLUTION
Die natürlichen Veränderungen von Lebewesen über sehr lange Zeiträume hinweg.

FAMILIENGRUPPE
Eine Herde von verwandten Tieren lebt in einer Gruppe ständig zusammen.

FLEHMEN
Dieses Verhalten zeigen viele männliche Tiere. Sie stülpen die Lippen nach außen und nehmen Geruchssignale aus der Luft auf.

FRUCHTHÜLLE
Die schützende Hülle, die das Fohlen in der Gebärmutter umgibt.

GANGART
Die Art, wie sich ein Tier bei unterschiedlicher Geschwindigkeit bewegt.

GELENK
Hier sind zwei Knochen miteinander verbunden.

GEN
Die Information für die Ausbildung eines Merkmals. Gene geben diese Informationen an die nächste Generation weiter.

GRASFRESSER
Tier, das niedrigwüchsige Pflanzen wie Gras und Kräuter frisst.

GROOMING
Die Fellpflege, die ein Tier entweder selbst betreibt oder die von anderen Tieren ausgeführt wird.

HALBESEL, ASIATISCHER
Eigene Equidenart mit mehreren Unterarten. Er ist kein Mischling aus Pferd und Esel.

HALBWILD
Haustiere, die jemandem gehören und auf einem großen Gebiet fast das ganze Jahr über frei lebend gehalten werden.

HAREM
Eine Ansammlung von Weibchen, die von einem Hengst geführt werden.

HENGST
Erwachsenes, männliches Pferd.

HUFTIER
Säugetier mit Klauen oder Hufen.

INSTINKTIV
Junge Tiere müssen viele Dinge nicht lernen, sie folgen einem angeborenen Trieb.

INZUCHT
Die Verpaarung eng verwandter Tiere, die oft zu Krankheiten und Missbildungen führt.

KALTBLUT
Großes und kräftig gebautes Arbeitspferd.

KLIMA
Wetterverhältnisse in einer Gegend.

LAUBFRESSER
Ein Pflanzenfresser, der sich von den Blättern der Büsche und Bäume ernährt.

LEBENSRAUM
Ein bestimmter Ort, an dem eine Gruppe von Tieren lebt.

MUNDSTÜCK
Teil aus Metall im Pferdemaul, mit dem der Reiter sein Pferd kontrolliert.

NACHKOMMEN
Die Kinder, Enkel und Urenkel oder andere direkte Nachkommen eines Tiers.

NÄHRSTOFFE
Die lebensnotwendigen, nahrhaften und wertvollen Stoffe in der Nahrung.

ÖKOSYSTEM
Alle Beziehungen der Lebewesen zueinander und zu ihrem Lebensraum.

PARASITEN
Tiere, die auf anderen Tieren (den so genannten Wirten) leben und ihnen Schaden zufügen, zum Beispiel Flöhe und Zecken.

PFLANZENFRESSER
Tier, das nur Pflanzen frisst.

PONY
Ein Kleinpferd, nicht größer als 1,44 Meter.

POPULATION
Gesamtheit aller Individuen einer Art in einem zusammenhängenden Gebiet.

RASSE
Ein Haustiertyp mit bestimmten Eigenschaften, den der Mensch für einen speziellen Zweck wie Schnelligkeit oder Stärke gezüchtet hat.

REVIERBESITZEND
Ein Hengst, der in einem bestimmten Gebiet lebt und es verteidigt.

SCHNEIDEZÄHNE
Die Vorderzähne eines Tieres. Equiden haben meist jeweils sechs im Ober- und im Unterkiefer.

SEHNEN
Die festen Fasern, die den Muskel am Knochen befestigen.

STUTE
Erwachsenes, weibliches Pferd.

ÜBERWEIDUNG
Zu viele Tiere in einem Gebiet fressen die Pflanzen ab, so dass diese nicht schnell genug nachwachsen können.

UNTERART
Eine Art unterteilt sich manchmal in kleinere Gruppen, die Unterarten. Diese kommen dann in einem bestimmten Gebiet vor und unterscheiden sich deutlich von anderen Gruppen.

VEGETATION
Gesamtheit aller Pflanzen, die in einem Gebiet vorkommen.

VERDAUUNGSKANAL
Nährstoffe aus der Nahrung werden von einem Schlauch aufgenommen, der sich an den Magen anschließt.

VERWILDERT
Entlaufene oder freigelassene Haustiere, die meist in freier Wildbahn leben.

VORFAHREN
Die Tiere, von denen ein Tier direkt abstammt. Bei den Menschen zum Beispiel Eltern, Großeltern, Urgroßeltern u.s.w.

VORGESCHICHTLICH
Die Zeit, bevor die Menschen mit der Aufzeichnung von Ereignissen begannen.

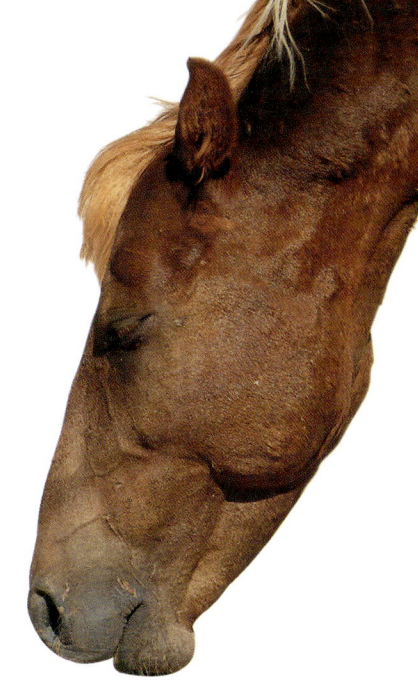

WANDERUNG
Tiere brechen regelmäßig zur Trockenzeit zu ihren Weide- und Paarungsorten auf und kehren dann wieder zurück.

WARMBLÜTIG
Alle Vögel und alle Säugetiere.

ZUCHTGRUPPE
Eine gemischte Herde, besteht aus einem Hengst, Stuten, Hengstfohlen und Stutfohlen.

ZUGPFERD
Ein starkes Pferd (Kutsch- oder Kaltblutpferd), das einen schwer beladenen Wagen zieht.

SCHLAGWORTREGISTER